ERNST STEINER

KASHMIR & LADAKH PANORAMA

Text by Iris Lemanczyk

EDITION **PANORAMA**

KASCHMIR, LADAKH

„Wo die Welt endet und das Paradies beginnt" – steht auf einem Straßenschild mitten im Nirgendwo. Kaschmir und Ladakh. Ein Paradies, wie es kontrastreicher nicht sein kann. Indien und Pakistan. Hinduismus, Buddhismus und Islam. Tempel und Moschee. Kargheit und Üppigkeit. Eine Mondlandschaft aus grauen Gipfeln und endlosen windgepeitschten, kargen, trockenen Plateaus mit Flüssen aus Schmelzwassern der Gletscher und winzigen Feldern, die etwas Grün ins Grau von Ladakh tupfen. Eine Landschaft, die Demut gebietet. Dagegen Üppigkeit, Wiesen, blühende Aprikosen- und Mandelbäume, grüne Reis- und gelbe Safranfelder, Platanenalleen, Blumenpracht in den schwimmenden Mogul-Gärten, inmitten von Lotusfeldern schaukeln Hausboote auf dem Dal-See im Kaschmir-Tal. In den alten Schriften wird Kaschmir als „Smaragd in der Perlenkette des Himalaja" beschrieben. Wo beginnt es nun, das Paradies? Wo endet die Welt?

Politisch bilden Kaschmir und Ladakh eine Einheit, zumindest auf indischer Seite. Ladakh ist der größte Distrikt des nordwestlichen Bundesstaates Jammu und Kaschmir. Doch Kaschmir liegt auch in Pakistan. Seit Jahrzehnten tragen beide Länder einen kriegerischen Konflikt um die Besitzansprüche aus. Seine Wurzeln reichen bis ins Jahr 1947, bis dahin war Kaschmir ein Fürstentum unter britischer Hoheit gewesen. Als die Kolonialherren abzogen und den Subkontinent in Indien und Pakistan teilten, sollte sich der Maharadscha von Kaschmir für eine Seite

KASHMIR, LADAKH

"Where the world ends and Paradise begins" – these are the words on a street sign in the middle of nowhere. Kashmir and Ladakh. A paradise which could not be richer in contrasts. India and Pakistan. Hinduism, Buddhism and Islam. Temples and mosques. Barrenness and luxuriance. A moon landscape of grey peaks and endless, windswept, desolate dry plateaus with rivers of meltwater from the glaciers and tiny fields, adding a little green to the grey of Ladakh. A landscape which demands humility. And luxuriance too, meadows, blossoming apricots and almond trees, green rice paddies and fields of yellow saffron, avenues of plane trees, the splendour of blossoms in the floating Mogul gardens, with houseboats rocking gently amidst the lotus fields on Lake Dal in the Kashmir valley. In old writings, Kashmir is described as the "emerald in the pearl necklace of the Himalayas". Where does it begin, this paradise? Where does the world end?

Kashmir and Ladakh form a political unit, at least on the Indian side of the border. Ladakh is the largest district in the north-western state of Jammu and Kashmir. Part of Kashmir however also lies in Pakistan. The countries have been in armed conflict with each other for decades over their territorial claims. The root causes of the conflict go back to the year 1947, up to which time Kashmir had been a principality under British rule. When the colonial masters moved out and divided the sub-continent into India and Pakistan, the Maharaja of Kashmir was supposed to

CACHEMIRE, LADAKH

«C'est ici que s'achève le monde et que commence le paradis» – c'est ce que l'on peut lire sur un panneau en bordure d'une route oubliée. Le Cachemire et le Ladakh. Un paradis tout en contrastes : Inde et Pakistan, Hindouisme, Bouddhisme et Islam, temples et mosquées, pauvreté et opulence. Un paysage lunaire dominé par des cimes grises et des plateaux arides et secs battus par les vents et s'étendant à perte de vue avec des rivières alimentées par le dégel des glaciers et de minuscules champs qui apportent un peu de vert dans la grisaille du Ladakh. Un paysage qui invite à l'humilité. Mais soudain, le voyageur découvre un contraste impressionnant, une véritable opulence avec des prairies, des abricotiers et des amandiers en fleurs, des rizières vertes et des champs de safran jaunes, des allées de platanes, la splendeur des fleurs dans les jardins flottants moghols et les péniches qui se balancent sur le lac Dal au cœur de parterres de lotus dans la vallée du Cachemire. Dans les anciens écrits, le Cachemire est décrit comme l'«émeraude du collier de perles de l'Himalaya ». Où commence-t-il donc ce paradis ? Jusqu'où va notre monde ?

Le Cachemire et le Ladakh forment une unité politique, du moins côté indien. Le Ladakh est le plus grand district de l'état du Jammu-et-Cachemire, à l'extrême nord-ouest, mais une partie du Cachemire se trouve également en territoire pakistanais. Depuis des dizaines d'années, les deux pays s'affrontent dans des guerres pour réclamer la paternité de cette région. Les racines de ce conflit remontent à l'année

CACHEMIRA, LADAKH

"Aquí termina el mundo y empieza el paraíso", así reza un cartel puesto en una carretera olvidada. Cachemira y Ladakh. Un paraíso absolutamente lleno de contrastes: India y Paquistán, Hinduismo, Budismo e Islam, templos y mezquitas, aridez y opulencia. Un paisaje lunar dominado por cumbres grises e interminables mesetas peladas, secas y azotadas por el viento con ríos alimentados por el deshielo de los glaciares así como diminutos campos que ponen algunas gotas de verde en el ceniciento paisaje de Ladakh. Este paisaje suscita humildad al observador. Pero de repente un impresionante contraste se abre ante los ojos del viajero: praderas, plantaciones de albaricoqueros y almendros en flor, verdes campos de arroz y azafrán, alamedas bordeadas de plátanos y el esplendor de flores de los jardines colgantes del mogol. En medio del exuberante panorama de los campos de loto del Valle de Cachemira se mecen los barcos viviendo en las olas del lago Dal. En las antiguas escrituras se describe Cachemira como "la esmeralda en la cadena de perlas del Himalaya". Así que, ¿dónde empieza el paraíso? ¿Dónde termina el mundo?

Cachemira y Ladakh forman una unidad política, como mínimo desde el punto de vista de la India. Ladakh es el mayor distrito del estado noroccidental de Jammu y Cachemira. Pero una parte de Cachemira también se halla en Paquistán. Entre ambos países pervive desde hace décadas un conflicto sobre la posesión de este territorio que varias veces ha desembocado en enfrentamientos bélicos. Las

KASCHMIR, LADAKH

"Dove il mondo finisce e il paradiso comincia" – sta scritto su un cartello stradale al centro della terra di nessuno. Kaschmir e Ladakh. Un paradiso che più contrastante non può essere. India e Pakistan. Induismo, buddismo e islamismo. Tempi e moschee. Carenza e opulenza. Un paesaggio lunare composto da grigi vette ed infinite pianure brulle, secche e frustate dal vento con fiumi formatisi in seguito allo scioglimento dei ghiacciai e piccolissimi campi che picchiettano di verde le distese grigie del Ladakh. Un paesaggio che detta umiltà. A ciò fanno da contrasto opulenza, prati, alberi fioriti di albicocche e mandorle, verdi risaie e campi di zafferano, viali di platani, fastosi fiori nei giardini Mogul, barche che vengono cullate dall'acqua del fiume Dal in mezzo a campi di loto nella valle del Kaschmir. Nelle vecchie scritture il Kashmir viene descritto come "smeraldo nella catena di perle dell'Himalaia". Dove inizia ora il paradiso? Dove termina il mondo?

Dal punto di vista politico Kaschmir e Ladakh costituiscono un'unità, almeno sul lato indiano. Il Ladakh è il più grande distretto dello stato federale Jammu e Kaschmir, al nord ovest. Ma il Kashmir si trova anche in Pakistan. Da decenni i due paesi si fanno guerra rivendicando diritti di possesso. Per risalire alle radici di tale conflitto si deve andare indietro nel tempo fino all'anno 1947: fino a quella data Kaschmir era un principato di dominio britannico. Quando i dominatori coloniali andarono via e divisero il subcontinente in India e Pakistan, il maragià del Kaschmir si trovò

entscheiden. Er zögerte – bis indische und pakistanische Truppen von beiden Seiten in sein Land einmarschierten. Der erste Krieg endete 1949. Die damals vereinbarte Waffenstillstandslinie, die Line of Control, teilt das Land noch heute: Ein Drittel fiel an Pakistan, zwei Drittel erhielt Indien. Über acht Millionen Bewohner der Region flüchteten oder wurden umgesiedelt. Bombenanschläge, Geiselnahmen, Überfälle. Kaschmir wurde zum explosiven Zankapfel, dazwischen immer wieder kleine Zeichen der Annäherung. So wie im Jahr 2005, als Politiker Indiens und Pakistans die erste Busverbindung seit 60 Jahren einweihten, die das Kaschmir beider Länder wieder etwas näher zusammenbringt.

Das liebliche Tal von Kaschmir ist eine Augenweide. Das prächtige, 130 Kilometer lange, 35 Kilometer breite und auf 1 700 Metern Höhe liegende Hochtal zu beiden Seiten des Flusses Jhelum gilt als Garten Eden, mittendrin seine Hauptstadt Srinagar. Alles spielt sich am Wasser ab, meist auf dem Dal-See. Händler rudern ihr Gemüse zum Markt, Beamte lassen sich in Shikaras, den gondelähnlichen Seetaxis, ins Büro staken, Mütter bringen ihre Kinder von den Hausbooten mit den geschnitzten Eingängen zur Schule. Mitten in der Stadt thront die große Moschee Jami Masjid aus dem 14. Jahrhundert. Sie brannte mehrmals lichterloh, wurde aber immer wieder aufgebaut. Ihre überdachte Gebetshalle wird von 300 mächtigen Zedernholzsäulen getragen.

Wer von Srinagar im Kaschmir-Tal nach Leh, der Hauptstadt Ladakhs fährt, reist auf der alten Karawanenstraße – einem Teil der Seidenstraße – welche die zwei Handels-

decide on which side of the border Kashmir would be. But he hesitated – until Indian and Pakistani troops occupied the country from both sides. The first war ended in 1949. The ceasefire line agreed at that time, the Line of Control, still divides the country today: one third went to Pakistan, and the other two thirds to India. Over 8 million inhabitants of the region either fled or were forcibly resettled. Bomb attacks, hostage-taking, ambushes. Kashmir became an explosive bone of contention, with only minor signs of rapprochement since, such as in the year 2005, when politicians from India and Pakistan inaugurated the first bus link for 60 years, which is again bringing the Kashmirs of the two countries a little closer together.

The beautiful valley of Kashmir is a feast for the eyes. The luxuriant upland valley, 80 miles long by 20 miles wide at an altitude of 5,000 ft. on both sides of the river Jhelum is a Garden of Eden with its capital of Srinagar in the middle. Everything happens on the water, usually on Lake Dal. Farmers row their vegetables to market, officials have themselves poled to work in "shikaras", water-taxis resembling gondolas, mothers take their children to school from the houseboats with their carved doorways. In the centre of the city stands the great Jami Masjid Mosque dating from the 14th Century. It has burned down several times, but has always been rebuilt. Its roofed prayer hall is supported by 300 mighty cedar trunks.

Anyone travelling from Srinagar in the Kashmir valley to Leh, the capital of Ladakh, will follow one of the old caravan routes – part of the Silk Road – which connects the two trading centres. For centuries, the caravans plied this

1947, date à laquelle le Cachemire cesse d'être une principauté sous souveraineté britannique. Lorsque les colons anglais se retirent et procèdent à une partition du sous-continent donnant naissance ainsi au Pakistan, le maharadjah du Cachemire est pressé de choisir entre ce pays et l'Inde. Il hésite tant et si bien que des troupes indiennes et pakistanaises envahissent son pays. La première guerre s'achève en 1949. La ligne d'armistice fixée à l'époque, la fameuse «Line of Control», divise encore de nos jours le pays en deux : un tiers pour le Pakistan et les deux tiers restants pour l'Inde. Plus de huit millions d'habitants de la région fuient ou sont déplacés. Depuis, les attentats à la bombe, les prises d'otages et les agressions se succèdent. Le Cachemire est devenu une véritable pomme de discorde explosive même si, de temps à autre, quelques tentatives d'approche ont lieu, comme en 2005 par exemple, lorsque des politiques indiens et pakistanais inaugurent la première ligne de bus depuis soixante ans entre les deux divisions du Cachemire.

La vallée riante du Cachemire est un véritable régal pour les yeux. Cette magnifique vallée de 130 kilomètres de long et de 35 kilomètres de large située à une altitude de 1 700 mètres des deux côtés du fleuve Jhelum est considérée comme le jardin d'Eden avec, en son cœur, Srinagar, la capitale. Ici, la vie quotidienne se joue près de l'eau et notamment sur le lac Dal : des marchands se rendent au marché en barque pour y vendre leurs légumes, des fonctionnaires se font conduire au bureau en «shikara», sorte de taxi aquatique ressemblant à une gondole, des mères amènent leurs enfants à l'école depuis leurs demeures flottantes aux entrées

raíces del problema se remontan a 1947. Hasta ese año Cachemira era un principado bajo soberanía británica. Tras la retirada de la potencia colonial y la partición del subcontinente entre India y Paquistán, el maharajá de Cachemira quedó en la tesitura de tener que decidirse por uno de estos dos países. El príncipe vaciló hasta que tropas indias y paquistaníes marcharon desde ambos lados en su territorio. La primera guerra terminó en 1949. La línea del armisticio que se fijó entonces, la famosa "Line of Control" sigue dividiendo la región hasta la actualidad: Paquistán se quedó con un tercio del territorio y la India con los otros dos. Más de ocho millones de sus habitantes tuvieron que huir o fueron desplazados. Desde entonces se suceden los atentados con bomba, las tomas de rehenes y los asaltos. Cachemira se convirtió en una explosiva manzana de la discordia, en un conflicto en el que sólo de vez en cuando se aprecian signos de distensión. Como en 2005. En ese año políticos de la India y de Paquistán inauguraron la primera conexión por autobús que une las dos partes de Cachemira a ambos lados de la frontera desde hace 60 años.

El precioso valle de Cachemira es un regalo para los ojos. Este opulento valle de alta montaña tiene 130 km de longitud y 35 km de ancho y se encuentra a 1700 metros de altura. Y en el centro de este Jardín del Edén que se extiende a lo largo de ambas orillas del río Jhelum se halla su capital: Srinagar. En este valle toda la vida tiene lugar a las orillas o sobre las aguas del lago Dal. En él se puede contemplar a verduleros que reman con sus botes cargados de verdura hacia el mercado, a funcionarios que se dejan transportar en "shikaras" –los taxis acuáticos similares a

costretto a decidere per uno dei due paesi. Egli esitò – fino a quando le truppe indiane e pakistane invasero il paese da entrambi i lati. La prima guerra terminò nel 1949. La linea di tregua allora concordata, la cosiddetta "Line of Control", divide il paese ancora oggi: un terzo andò al Pakistan, due terzi li ha ottenuti l'India. Oltre otto milioni di abitanti della regione fuggirono o vennero trasferiti. Bombardamenti, prese in ostaggio, attacchi. Il Kaschmir diventò un esplosivo centro di conflitto, di tanto in tanto piccoli segni di avvicinamento, come nell'anno 2005, quando i politici dell'India e del Pakistan inaugurarono il primo collegamento autobus dopo 60 anni, il quale contribuisce ad un certo riavvicinamento del Kaschmir dei due paesi.

L'amabile valle del Kaschmir è un piacere per gli occhi. La sontuosa alta valle, che, lunga 130 e larga 35 chilometri, è situata ad una quota di 1700 metri ed attraversata dal fiume Jhelum, viene considerata come giardino dell'Eden, nel cui cuore si trova la capitale Srinagar. Tutto si svolge in riva all'acqua, soprattutto quella del lago Dal. I commercianti portano in barca la loro verdura al mercato per venderla, gli impiegati statali si recano in ufficio negli shikara, i taxi del lago simili a gondole, le madri portano i loro bambini a scuola con le barche di casa dagli ingressi intagliati. Al centro della città domina la grande moschea Jami Masiid del XIV secolo, più volte ricostruita dopo numerosi incendi che la bruciarono completamente. Il suo padiglione di preghiera al coperto è sostenuto da 300 imponenti colonne in legno di cedro.

Chi va da Srinagar nella valle del Kaschmir a Leh, la capitale del Ladakh, viaggia sulla vecchia strada delle carovane

zentren miteinander verbindet. Jahrhundertelang zogen auf dieser Route die Karawanen ins oberste Industal Ladakhs und weiter nach Turkestan, Tibet und China. Saftiggrüne Almwiesen, dunkle Nadelwälder, Bergseen und schroffe, bis zu 5 000 Meter hohe Berge ziehen vorüber. Niederschläge fallen reichlich – im Sommer viel Regen, im Winter viel Schnee. Bis zum 3 530 Meter hohen Zoji La-Pass, dem Pass der Götter, dem niedrigsten Übergang im gesamten Himalaja. Er ist nicht nur Wasserscheide, sondern Tor in eine andere Welt. Plötzlich ist die trockene Luft dünner und reiner, das Blau des Himmels intensiver, und das Grün Kaschmirs weicht Grau-, Beige- und Brauntönen. Grün, das zuvor noch im Überfluss vorhanden war, wird nun zur Seltenheit, zum Blickfang und leuchtenden Signal für Wasser, Leben, Menschen.

Ladakh heißt soviel wie Land der hohen Pässe. Seine Täler liegen in 3 500 bis 4 000 Meter Höhe, seine Berge sind mehr als 7 000 Meter hoch. Eine Kette vegetationsloser Berge reiht sich an die andere. Karg, trocken und lebensfeindlich, aber auch erhaben und wunderschön. Eine Natur, die den Menschen wenig gibt. Trotzdem leben Nomaden auf den fast 5 000 Meter hohen Weiden. Die rissige Erde der Hochwüste ernährt Menschen und Tiere nur für kurze Zeit. Wenn die Yaks die dünne Grasnarbe abgegrast haben, ziehen die Hirten weiter. Sie wohnen in Yakhaarzelten, eine Heimat zum Mitnehmen. Zelt, Ofen, Matratzen, Töpfe, der gesamte Nomadenhaushalt findet auf den Rücken ihrer ein, zwei Dutzend Yaks Platz. Der kalte Rhythmus der Natur bestimmt ihre Route, ihr Leben ist von jahrhundertealten Traditionen geprägt, die Aufgaben-

route to the upper Indus valley of Ladakh and on to Turkestan, Tibet and China past lush green meadows, dark pine forests, mountain lakes and precipitous mountains over 16,000 ft. tall. Water is in plentiful supply, with a lot of rain in the summer and snow in winter. As far as the 11,500 ft. high Zoji La Pass, the pass of the gods, the lowest pass in all the Himalayas. It is not only the watershed, but also the gate to another world. Suddenly the dry air becomes thinner and clearer, the blue of the sky more intense, and the green of Kashmir gives way to grey, beige and brown tones. The green that was previously available in excess now becomes a rarity, an eye-catching indication of water, life and people.

Ladakh means roughly the "land of high passes". Its valleys lie at an altitude of 11,000–12,000 ft., while its mountains are over 23,000 ft. high. One chain of barren peaks is followed by the next. Dry, desolate and inhospitable, yet also austerely beautiful. A natural world which provides little for people, although nomads still eke out a living on the 16,000 ft. high pastures. The broken earth of the high desert feeds men and animals for only a short time. When the yaks have grazed off the sparse covering of grass, the herds have to move on. The nomads take their homes with them, tents woven from yak hair. Tent, stove, mattresses, pots, the whole household is packed up on the backs of their one or two dozen yaks. The cold rhythm of nature determines their route, their lives are stamped with centuries-old traditions, the division of labour ensures survival: the women fetch water, cook, milk the animals, churn the milk into butter, dry cheese in the sun, spin wool

sculptées. La grande mosquée de Jami Masjid construite au 14ème siècle trône au cœur de la ville. Tombée sous la proie des flammes à plusieurs reprises, elle a été reconstruite à chaque fois. La salle des prières couverte est soutenue par 300 imposantes colonnes de bois de cèdre.

Pour se rendre de Srinagar dans la vallée du Cachemire à la ville de Leh, capitale du Ladakh, il faut emprunter l'ancienne route des caravanes – sur le tracé de la Route de la Soie – qui relie les deux centres commerciaux. Pendant des siècles, les caravanes ont suivi cette route vers la vallée supérieure de l'Indus du Ladakh et, au-delà, vers le Turkestan, le Tibet et la Chine, à travers de vertes prairies de haute montagne, des forêts de conifères sombres, des lacs de montagne et des chaînes montagneuses escarpées pouvant culminer jusqu'à 5 000 m.

Ladakh signifie approximativement «le pays des cols». Ses vallées se situent entre 3 500 et 4 000 m d'altitude, ses montagnes culminent à plus de 7 000 m. Des chaînes de montagnes pelées s'alignent les unes à côté des autres. Une région aride, sèche et hostile mais aussi sublime et magnifique. Une nature peu généreuse envers l'homme mais dans laquelle des nomades parviennent à survivre sur les pâturages à presque 5 000 m d'altitude. La terre lézardée de ce désert ne nourrit les hommes et les troupeaux que pendant une période très limitée. Dès que les yacks ont brouté le fin tapis d'herbe, les bergers reprennent la route. Ils vivent dans des tentes tissées de poils de yacks qu'ils emportent partout avec eux, comme leur patrie. Tente, poêle, matelas, casseroles, toutes les possessions de ces nomades trouvent place sur le dos de leur une ou deux douzaines de yacks. Le

góndolas– así como a madres que llevan a sus hijos a la escuela desde las artísticas entradas de madera tallada de sus barcos vivienda. En el centro de la ciudad destaca la gran mezquita Jami Masjid del siglo XIV que fue varias veces reconstruida tras devastadores incendios. La cubierta de su sala de oraciones está sostenida por 300 colosales columnas de madera de cedro.

Quien quiera viajar desde Srinagar, en el Valle de Cachemira, hasta la ciudad de Leh, la capital de Ladakh, debe recorrer la antigua Ruta de las Caravanas: el –trecho de la antigua Ruta de la Seda– que une a estos dos centros comerciales. Durante siglos las caravanas discurrieron por esta ruta en dirección al Valle superior del Indo y aún más allá, hasta el Turquestán, el Tibet y China. A su paso el viajero puede disfrutar de la contemplación de verdes praderas de alta montaña, oscuros bosques de coníferas, lagos de montaña y escarpadas montañas de hasta 5000 metros de altura.

Ladakh significa aproximadamente "tierra de los altos puertos de montaña". Sus valles se hallan entre los 3500 y los 4000 metros de altura y sus montañas superan los 7000 metros de altura. Sierras y sierras de montes pelados se encadenan sin interrupción. Éste es sin duda un panorama árido, seco y hostil; pero también sublime y hermosísimo. Y precisamente aquí, a pesar de que la naturaleza no parece muy generosa con las personas, encuentran su sustento los nómadas que viven de los altos pastos que se encuentran a casi 5000 metros de altura. La agrietada tierra de los páramos de alta montaña sólo puede alimentar a los pastores y a su ganado durante poco tiempo. Los pastores desmontan sus tiendas de lana de yak –sus hogares de quita y pon– y siguen

– una parte della via della seta –, che collega i due centri di commercio l'uno all'altro. Per secoli questa strada fu percorsa da carovane che arrivavano fino alla valle alta Indù di Ladakh per raggiungere da qui il Turkestan, il Tibet e la Cina. La strada passa tra pascoli verdissimi, scuri boschi di conifere, laghi montani e ripide montagne alte fino a 5000 metri. Il clima è ricco di precipitazioni – in estate molta pioggia, in inverno molta neve. Fino al passo Zoii La, il passo degli dei, che con i suoi 3530 metri è quello più basso di tutto l'Himalaia. Esso non è solo uno spartiacque, bensì è anche la porta verso un altro mondo. Improvvisamente la secca aria diventa più rarefatta e pura, il blu del cielo diventa più intenso e il verde del Kaschmir fa spazio a tonalità quali grigio, beige e marrone. Il verde, che finora era stato presente in abbondanza, diviene ora una rarità, attira quindi lo sguardo e segnala la presenza di acqua, vita e persone nelle vicinanze.

"Ladakh" significa "paese degli alti passi". Le sue valli si trovano ad un'altezza di 3500 – 4000 metri, le sue montagne superano i 7000 metri. Si susseguono una dietro l'altra catene di montagne prive di vegetazione. Una terra brulla, secca, povera di vita, ma anche a suo modo superiore e meravigliosa. Una natura che dà poco agli uomini. Ciononostante vivono dei nomadi sui pascoli alti quasi 5000 metri. La terra rugosa del deserto altopiano nutre uomini ed animali solo per breve tempo. Quando gli yak hanno mangiato tutto il sottile strato di erba, i pastori si spostano verso nuovi luoghi. Essi abitano in tende in pelo di yak, la loro casa mobile. Tenda, forno, materassi, pentole: tutta l'abitazione e gli accessori dei nomadi trovano posto sulle

teilung sorgt fürs Überleben: Die Frauen holen Wasser, kochen, melken die Tiere, schlagen Milch zu Butter, trocknen Käse in der Sonne, spinnen Wolle und weben. Wer gut webt, so heißt es, erweist den Göttern eine Ehre. Die Männer treiben das Vieh auf die Weide, tauschen Felle und Yakbutter gegen Gerste. Einmal im Jahr wird ein Yak geschlachtet, alle zwei Wochen eine Ziege.

Im Winter sinkt die Temperatur auf minus 30 Grad, trotzdem ziehen die Nomaden weiter. Dann packen die Mütter ihren Kindern warmen Tierdung in die Pelze, damit Hände und Füße der Kleinen nicht erfrieren. Erst wenn sie drei Jahre alt sind, geben die Nomaden ihren Kindern einen Namen. Erst dann ist die Chance groß, dass sie überleben. Bis vor wenigen Jahren starb jedes zweite Baby, das hat sich zwar etwas gebessert, doch die Nomaden bleiben vorsichtig und ihren Traditionen treu. Sie geben den Neugeborenen die Schutznamen Brog Pa oder Brog Ma, die sollen die Kleinen vor bösen und übelwollenden Geistern beschützen. Ein Jahr nach der Geburt werden die bis dahin noch nicht geschnittenen Haare bis auf ein kleines Büschel abrasiert und den Göttern geopfert.

Nicht nur die Nomadenzelte, sondern das gesamte Ladakh mit seinen Hochgebirgswüsten und grünen Oasen ist eine Hochburg des tibetischen Buddhismus. Nicht umsonst wird es auch Klein-Tibet genannt. In der religiösen Landschaft Ladakhs fallen alte Felszeichnungen und -reliefs auf, die bezeugen, dass hier der Buddhismus schon sehr früh, schon im ersten Jahrhundert vor Christi florierte. Mittelalterlichen weiß getünchten Trutzburgen gleich ragen die bis zu zehnstöckigen Bergklöster am Rand des Industales

and weave. Whoever weaves well, it is said, does honour to the gods. The men drive the cattle to pasture, barter hides and yak butter for barley. Once a year, a yak is slaughtered, and every two weeks a goat.

In winter, the temperature falls to 30° below zero, yet the nomads still continue. Then the mothers pack warm animal dung into the children's coats to prevent the hands and feet of the little ones from freezing. Only when they are three years old do the nomads give their children a name, because only then is there a reasonable chance that they will survive. Up until a few years ago, the infant mortality rate was 50 %, and although this has now improved somewhat, the nomads are careful to remain true to their traditions. Newborn children are given the protective names Brog Pa or Brog Ma, which are intended to protect them against evil and malevolent spirits. One year after the birth, their previously uncut hair is shaved off except for a small bob, and offered up to the gods.

Not only the nomads tents, but all of Ladakh with its highland deserts and green oases is a stronghold of Tibetan Buddhism. Not for nothing is it known as little Tibet. In the religious landscape of Ladakh, old rock drawings and reliefs testify to the fact that Buddhism flourished here very early on, even before the 1st Century BC. Mountain monasteries up to 10 storeys high rise up along the edge of the Indus valley or tributary valleys like Middle Ages whitewashed defensive settlements. They tower up on rocky ridges, cling to mountain spurs as if springing from the rock itself, nestling amidst the harsh landscape, often nearer to heaven than earth. The monks, the people in the

rythme froid de la nature détermine leur route, toute leur vie est dominée par des traditions plusieurs fois séculaires, la répartition traditionnelle des tâches au sein des familles leur permet de survivre : les femmes vont chercher l'eau et font la cuisine, traient les animaux, font du beurre avec le lait, font sécher le fromage au soleil, filent la laine et tissent. Celles qui tissent bien, dit-on dans leur culture, font honneur aux Dieux. Les hommes quant à eux conduisent le bétail sur les pâturages, échangent les fourrures et le beurre de yack contre de l'orge. Une fois par an, ils sacrifient un yack, tous les quinze jours une chèvre.

En hiver, les températures dégringolent jusqu'à moins 30 degrés, mais les nomades continuent leur route. Les mères mettent alors du fumier chaud dans les fourrures que portent les enfants afin que leurs mains et leurs pieds ne gèlent pas. Les nomades ne donnent un nom à leurs enfants que lorsqu'ils ont atteint leur troisième année car, passé cet âge fatidique, leurs chances de survie sont grandes. Jusqu'à il y a quelques années à peine, un bébé sur deux mourait. Pourtant, même si le taux de mortalité infantile s'est amélioré, les nomades restent prudents et fidèles à leurs traditions. Les nouveaux-nés reçoivent ainsi un nom protecteur, «Brog Pa» ou «Brog Ma», qui a pour mission de les défendre contre les esprits méchants et malveillants. Dès qu'ils atteignent leur premier anniversaire, les nomades leur coupent les cheveux pour la première fois en les rasant à l'exception d'une petite touffe sur le sommet du crâne puis ils en font don aux Dieux.

Les tentes des nomades mais aussi l'ensemble du Ladakh avec ses déserts de haute montagne et ses oasis vertes sont

su camino tan pronto como los yaks dejan pelado de brotes el ralo suelo. Todos los enseres y el menaje de los nómadas: su tienda, el hornillo, los colchones, las ollas... se puede transportar sobre los lomos de una o dos docenas de yaks. El frío ritmo de la naturaleza determina su ruta. Toda su vida está dominada por tradiciones centenarias. El tradicional reparto de tareas en las familias nómadas tiene por objeto asegurar la supervivencia: las mujeres traen el agua, cocinan, ordeñan el ganado, hacen la mantequilla, secan el queso al sol, cardan y tejen la lana. Por su parte los hombres conducen el ganado a los pastos y se encargan de trocar las pieles y la mantequilla de yak por cebada. Una vez al año se sacrifica un yak y cada dos semanas una cabra.

En invierno ni siquiera caídas de temperatura de hasta 30 grados bajo cero impiden a los nómadas seguir su ruta. En esas duras jornadas de marcha las madres forran con estiércol caliente las pieles de sus hijos para que no se les congelen ni los pies ni las manos. Los nómadas no le ponen nombre a sus hijos hasta que hayan cumplido los tres años. Es a partir de esa edad cuando sus posibilidades de sobrevivir se consideran altas. Hasta hace pocos años moría uno de cada dos bebés. Afortunadamente la tasa de mortalidad infantil ha mejorado algo, pero los nómadas permanecen escépticos y fieles a sus tradiciones.

No sólo las tiendas de los nómadas, sino toda la región de Ladakh con sus yermos de alta montaña y sus verdes oasis es uno de los más firmes refugios del budismo tibetano. No por casualidad se la denomina el pequeño Tibet. Entre las huellas del pasado religioso de la región que se pueden encontrar en el paisaje de Ladakh llaman la atención las

spalle dei loro mille o duemila yak. Il freddo ritmo della natura determina il loro tragitto, la loro vita è improntata su tradizioni secolari, la suddivisione dei compiti è importante per la sopravvivenza: le donne prendono l'acqua, cucinano, mungono gli animali, ricavano il burro dal latte, fanno asciugare il formaggio al sole, fanno la lana e tessono. Si dice che chi sa tessere bene fa onore agli dei. Gli uomini portano gli animali al pascolo, barattano pelli e burro di Yak con orzo. Una volta all'anno viene abbattuto uno yak, ogni due settimane ciò tocca ad una capra.

In inverno la temperatura scende a meno 30 gradi, nonostante ciò i nomadi continuano a viaggiare. Le madri mettono nelle pellicce dei loro figli deiezioni di animali affinché essi non si congelino mani e piedi. Solo quando i bambini hanno superato il terzo anno di età viene dato loro un nome. Soltanto allora vi sono infatti buone probabilità che essi sopravvivano. Fino a pochi anni fa la metà dei neonati moriva; la situazione ora è leggermente migliorata, tuttavia i nomadi continuano ad essere prudenti e fedeli alle loro tradizioni. Essi conferiscono ai neonati nomi con funzione protettiva come Brog Pa o Brog Ma affinché li difendano dagli spiriti cattivi e che vogliono il male. Un anno dopo la nascita i capelli, che fino ad allora non vengono mai tagliati, vengono rasati tranne un piccolo ciuffo che rimane, e sacrificati agli dei.

Non solo le tende dei nomadi, bensì l'intero Ladakh con i suoi deserti di alta montagna e le sue oasi verdi è uno dei baluardi del buddismo tibetano. Non per niente esso viene chiamato anche piccolo Tibet. Nel paesaggio religioso del Ladakh spiccano i vecchi disegni e rilievi sulle rocce, i qua-

oder in dessen Seitentälern auf. Sie thronen auf Felsrücken, kleben an Bergspornen, wie aus dem Fels gewachsen, schmiegen sie sich in die schroffe Landschaft. Dem Himmel oft näher als der Erde. Die Mönche, die Menschen im Tal, die Menschen der nächsten und übernächsten Täler, sie alle verehren den Himalaja als Heimstatt der Götter. Anders, sagen sie, lässt sich die Existenz eines solchen Gebirges nicht erklären. Eines Gebirges mit den höchsten Gipfeln der Erde.

In den meisten Dörfern, über die sich der Schutz buddhistischer Klöster spannt, gilt es als Ehre, einen Sohn in die Obhut der Mönche mit ihren roten Kutten zu geben. Er soll zu Erkenntnis und Erleuchtung gelangen und den Weg einschlagen, den der indische Prinz Siddhartha, der spätere Buddha, gewiesen hat. In Ladakh gibt es 40 Klöster und mehr als 2 000 Mönche – bei einer Gesamtbevölkerung von 125 000 Menschen. Seit Buddhas Lehre in die Berge kam, sind Mönche ein wichtiger Teil des Landes, ein Teil des Lebens in den Städten, Dörfern und Bergen. So strömen Pilger und Besucher von überall her zu den Maskentänzen der Klöster. Wenn die mehr als zwei Meter langen dumpf klingenden Rangdungs, die Trompeten, und die Muschelhörner erschallen, haben sich alle dicht gedrängt versammelt. Aus Weihrauchkesseln strömen gesegnete Düfte. Mit riesigen, bunten, aus Holz oder Pappmaché gefertigten Masken treten die Tänzer auf. Es scheint, als seien sie aus den Mandalas und Wandmalereien herabgestiegen. Dabei sind die Tänze nur der nach außen gekehrte Teil eines Mysteriums, dessen tiefere Bedeutung in den Klausuren und Meditationen eingeweihter

valley, the next valley and the next again, all honour the Himalayas as the home of the gods. How else, they say, can the existence of such mountains be explained – mountains with the highest peaks on Earth.

In most villages under the protection of Buddhist monasteries, it is considered an honour to place a son of the family in the care of the monks with their red robes. He will then come to knowledge and enlightenment, following the way shown by the Indian prince Siddharta, later to become Buddha. In Ladakh there are 40 monasteries and over 2,000 monks – in an overall population of 125,000 people. Since Buddha's teaching came to the mountains, monks have been an important part of the country, a part of life in the towns, villages and mountains. Pilgrims and visitors flock from everywhere to the masked dances of the monasteries. When the sombre-sounding rang-dungs, the trumpets over 6 ft. in length, and the shell horns sound out, the crowds assemble in droves. Blessed scents waft from the censers. The dancers appear wearing huge, brightly-coloured masks made of wood or papier maché, almost as if they have leapt out of the mandalas and wall paintings. The dances are only the outward manifestation of a mystery whose deeper meaning is expressed in the solitude and meditations of initiated Lamas, a manifestation of the secret rites which take place behind the closed doors of the monastery. They serve to instruct and entertain the people, and make a very welcome change to the arduous day-to-day life of the population.

An ideal opportunity for the women to put on their perags, their turquoise-decorated headgear. These consist of a red

un fief du Bouddhisme tibétain. Ce n'est pas un hasard d'ailleurs si on a surnommé cette région le Petit Tibet. On remarque dans le paysage religieux du Ladakh d'anciens dessins et reliefs rupestres qui témoignent que le Bouddhisme était déjà une religion florissante un siècle avant notre ère. Pareils à des forteresses médiévales badigeonnées de blanc, ces fameux monastères de montagne de parfois dix étages se dressent en bordure de la vallée de l'Indus ou dans ses ramifications. Ils ont su s'adapter magistralement au terrain et trônent sur des croupes rocheuses, s'accrochent à des éperons montagneux, paraissent se fondre avec la roche qui les soutient, ou se blottissent contre le paysage escarpé, souvent plus près du ciel que de la terre. Les moines, les habitants dans les vallées proches ou lointaines, tous vénèrent ici l'Himalaya comme la résidence des Dieux. Comment, sinon, justifier l'existence d'une telle chaîne de montagnes ? Une chaîne de montagnes qui abrite les plus hauts sommets du monde.

Dans la plupart des villages vivant sous la protection de monastères bouddhistes, on considère comme un honneur de confier un fils aux moines vêtus du froc rouge caractéristique. Il pourra ainsi accéder plus facilement à la connaissance et à l'illumination intérieure et suivre le chemin indiqué par le prince indien Siddharta, futur Bouddha. On recense à Ladakh 40 monastères et plus de 2 000 moines – pour une population globale de 125 000 habitants. Depuis que la doctrine bouddhiste est parvenue dans les contrées montagneuses, les moines font partie intégrante de la société, que ce soit dans les villes, les villages et les montagnes. C'est la raison pour laquelle pèlerins et visiteurs affluent des quatre points

pinturas y los relieves rupestres que testimonian la temprana presencia del budismo, que aquí ya florecía en el primer siglo a. de C. Sus famosos monasterios de montaña de hasta diez plantas se erigen como fortalezas encaladas a los bordes o en las ramificaciones del Valle del Indo. Estos impresionantes conventos se adaptan magistralmente a estos escarpados parajes: dominan lomas rocosas y se agarran a las cimas de las montañas de tal manera que parecen fundirse con la roca que los sustenta. Y siempre parecen más cercanos al cielo que a la tierra. Todos aquí adoran al Himalaya porque lo consideran la residencia de los dioses: los monjes y los habitantes del valle al pie del convento tanto como los del siguiente valle, y los del siguiente y siguiente… Su argumento es claro: la existencia de este macizo, el que alberga las más altas cumbres de la Tierra, no se puede explicar de otra forma.

En la mayoría de los pueblos sobre los que se extiende la protección de los monasterios budistas se considera un honor confiar un hijo a la custodia de los frailes de característicos hábitos rojos. De esta forma se le facilita el acceso hacia el autoconocimiento y la iluminación interior, el mismo camino que un día emprendió el príncipe indio Siddharta, que más tarde llegó a convertirse en Buda. En Ladakh hay 40 monasterios y más de 2000 monjes sobre una población total de 125 000 personas. Los monjes son una parte importante de todos los aspectos de esta sociedad desde que la doctrina de Buda llegó a estos montes: tanto en las ciudades como en los pueblos y en las sierras. Por ese motivo acuden de todas partes tantos peregrinos y visitantes a los bailes de máscaras que se organizan en los

li testimoniano che qui il buddismo si diffuse in tempi antichissimi, già a partire dal primo secolo avanti Cristo. Come fortezze di difesa medievali intonacate emergono all'orlo della valle dell'Indù o nelle sue valli laterali conventi montani alti fino a dieci piani. Essi dominano dall'alto dei dorsi di rocce su cui sono situati, sembrano essere attaccati agli speroni della montagna come fossero cresciuti dalla pietra, si inseriscono nell'aspro paesaggio. Spesso più vicini al cielo che alla terra. I monaci, gli abitanti della valle nonché delle valli vicine e di quelle più lontane, tutti onorano l'Himalaia come la casa degli dei. Non è possibile spiegare in altro modo l'esistenza di un tale complesso montuoso. Una montagna con le più alte cime del mondo.

Nella maggior parte dei paesi sui quali si estende la protezione dei conventi buddisti viene considerato un onore affidare un figlio ai monaci dalle tuniche rosse. Presso di essi egli dovrà diventare saggio, ricevere l'illuminazione e intraprendere il cammino che il principe indiano Siddharta, il futuro Buddha, gli ha indicato. Nel Ladakh vi sono 40 conventi e oltre 2000 monaci – con una popolazione complessiva di 125000 abitanti. Da quando la dottrina di Buddha è giunta nelle montagne, i monaci sono un importante parte del paese, una parte della vita nelle città, nei paesi e nei monti. Pellegrini e visitatori da tutto il mondo vengono ad ammirare le danze mascherate dei conventi. Quando i rang-dung, strumenti a fiato dal suono cupo lunghi più di due metri, le trombe e i corni di conchiglia iniziano a suonare, si riuniscono tutti in massa. Dai grandi recipienti d'incenso si diffondono profumi consacrati. I danzatori si presentano con enormi maschere variopinte fatte di legno

Lamas seinen Ausdruck findet. Die Tänze sind Oberfläche der geheimen Riten, die in den Räumen der Klöster ohne Zeugen vor sich gehen. Sie dienen der Volksbelehrung und Belustigung und sind hochwillkommene Abwechslung im harten Alltag.

Eine gute Gelegenheit für die Frauen sich mit ihren Perags, ihren türkisbeladenen Kopfbedeckungen zu schmücken. Die bestehen aus einem roten Tuch, das über den Hinterkopf und Nacken gezogen wird und über und über mit Türkis- und Halbedelsteinen bestickt ist. Im Alltag, wenn die Frauen in Leh über den Markt schlendern, tragen sie den Tsaru, einen Wollhut mit abstehenden Ohrenklappen. Man erzählt sich, dass eine ladakhische Königin Ohrenschmerzen hatte und ihre Hofdamen zwang, ebensolche Hüte zu tragen. Diese höfische Sitte hat sich im ganzen Land durchgesetzt und bis heute erhalten.

Leh, mit seinen 13 000 Einwohnern, ist das Zentrum Ladakhs. Die Stadt wurde auf der unfruchtbaren Talseite angelegt, um kein kostbares Ackerland zu verschwenden. Der alte Handelsplatz ist die einzige Stadt in einem Gebiet, das über hunderte von Kilometern nur aus riesigen wüstenähnlichen Bergzügen und wenigen fruchtbaren Taloasen besteht. Die Bürger Lehs sind Kosmopoliten, die trotz ihrer religiösen Unterschiede in Harmonie und Frieden zusammenleben. Daran haben auch die vielen Soldaten, die hier – wegen der Nähe zum Konfliktherd Kaschmir – einquartiert wurden, nichts geändert. Buddhisten, Hinduisten, Muslime personifizieren Toleranz, in Mischehen folgt der Sohn dem Glauben des Vaters, die Tochter dem Glauben der Mutter.

cloth which is drawn over the back of the head and neck, and embroidered all over with turquoise and other semi-precious stones. For everyday use, when the women in Leh go to the market, they wear the tsaru, a woollen hat with projecting ear flaps. It is said that a queen of Ladakh once had earache, and ordered her ladies in waiting to wear such hats. This royal custom has now been adopted and preserved to the present day throughout the whole country.

Leh, with its 13,000 inhabitants, is the main centre of Ladakh. The town was constructed on the infertile side of the valley, in order not to waste valuable farmland. The old trading centre is the only town in a region which for hundreds of miles consists only of huge mountain chains interspersed by a few fertile valleys. The people of Leh are cosmopolitans, who despite their religious differences live together in peace and harmony. Nor has this been changed by the many soldiers who were quartered here due to the proximity to the conflict area of Kashmir. Buddhists, Hindus, Muslims personify tolerance, in mixed marriages, the sons take the religion of the father, and the daughters that of the mother.

Leh is still a trading place, above all for Kashmir wool. Kashmir is a particularly fine type of wool which is obtained from the belly-hair of the local mountain goats which graze on the upland meadows. In March and April, the animals no longer need the fine hair which protects them against the extreme sub-zero temperatures of the winter, which is removed by the goat-herders using fine-toothed combs. Kashmir wool is so called, because until

cardinaux pour assister aux danses masquées organisées par les monastères. Ces danses ne sont que la face visible de rites secrets qui sont célébrés dans les salles du monastère à l'abri des regards et sans aucun témoin. Elles sont également un instrument d'enseignement culturel, de divertissement populaire ainsi qu'une diversion bienvenue dans le quotidien pénible du peuple.

Elles sont aussi une excellente occasion pour les femmes de se parer d'une «perag», coiffe sertie de turquoises qu'elles portent normalement pendant les festivités. Il s'agit en fait d'un foulard rouge constellé de part en part de turquoises et autres pierres semi-précieuses qui recouvre complètement l'arrière de la tête et la nuque. Normalement, lorsque les femmes flânent sur le marché de Leh sur semaine, elles portent un «tsaru», sorte de chapeau de laine avec des protège-oreilles protubérants. La légende raconte qu'une reine du Ladakh ayant mal aux oreilles, ses dames d'honneur l'auraient forcée à porter ce genre de chapeau. Cette coutume de la cour qui s'est imposée dans tout le pays est toujours en usage aujourd'hui.

Leh, avec ses 13 000 habitants, est le cœur du Ladakh. La ville a été aménagée sur le versant stérile de la vallée pour ne pas gaspiller de précieuses terres cultivées. Cette ancienne place commerciale est la seule ville dans une région exclusivement composée sur plusieurs centaines de kilomètres de gigantesques chaînes de montagnes désertiques et de quelques oasis fertiles dans des vallées. En dépit de ce provincialisme apparent, les habitants de Leh sont des gens cosmopolites qui, malgré leurs différences religieuses, vivent côte à côte en parfaite harmonie et dans la paix. Et pas même

monasterios. Estos bailes no son más que el reflejo superficial de ritos secretos que se celebran en las salas de los conventos sin testigos externos. Por lo demás también sirven de divulgación cultural y de entretenimiento popular y por ello constituyen una bienvenida interrupción del duro trajinar cotidiano del pueblo.

Además son una excelente ocasión para que las mujeres luzcan sus "perags", los tocados recamados con gran profusión de turquesas con los que tradicionalmente se adornan la cabeza durante las festividades. Estos preciosos aderezos están compuestos de un pañuelo rojo bordado con turquesas y piedras semipreciosas que les cubre completamente el cogote y la nuca. Sin embargo a diario, por ejemplo para ir de compras al mercado de Leh, las mujeres llevan el "Tsaru", un sombrero de lana con orejeras. La leyenda narra que una reina de Ladakh tenía dolor de oídos y por eso obligó a las damas de palacio a llevar también tales sombreros. Seguidamente esta costumbre cortesana se propagó por todo el país y se conservó hasta ahora.

Leh, con sus 13 000 habitantes, es el centro de Ladakh. La ciudad fue fundada en el lado árido del valle para no desperdiciar valiosa tierra de cultivo. Este antiguo centro comercial es la única ciudad de una región que en cientos de kilómetros a la redonda está compuesta exclusivamente por gigantescas sierras desérticas entre las cuales sólo algunos valles fértiles brindan un oasis para la vida. Pero frente a esa aparente provincialidad, los ciudadanos de Leh son cosmopolitas que saben vivir juntos en paz y armonía a pesar de sus diferencias religiosas. Ni siquiera la presencia de la gran cantidad de soldados que fueron apostados

o cartapesta. Sembra che essi scendano dai mandalas e dalle pitture murarie. Eppure le danze sono solo la parte rivolta vero l'esterno di un mistero, il cui significato più profondo trova espressione nella clausura e nella meditazione di lama iniziati ad esso. Le danze sono la superficie dei riti segreti che hanno luogo nei locali di conventi senza spettatori o testimoni. Esse servono a istruire e divertire il popolo e sono una graditissima alternativa alla dura vita quotidiana.

Una buona occasione per le donne di ornarsi con i loro perag, copricapi cosparsi di turchesi. Essi consistono di un tessuto rosso che viene fatto passare dietro il capo e sulla nuca e ricoperto dappertutto di turchesi e pietre preziose. Nella vita quotidiana, quando le donne di Leh passeggiano attraverso il mercato, portano lo tsaru, un cappello di lana con paraorecchi sporgenti. Si racconta che una regina del Ladakh soffriva di mal d'orecchi e per questo costrinse anche le sue dame di corte a portare questi copricapi. Tale costume della corte si è poi diffuso in tutto il paese e si è mantenuto fino ad oggi.

Leh, con i suoi 13000 abitanti, è il centro del Ladakh. La città fu costruita sul lato della valle non fertile ai fini di non sacrificare preziosi terreni agricoli. Questo vecchio luogo di commercio è l'unica città in un territorio che per centinaia di chilometri consiste solo di enormi regioni montagnose simili a deserti con poche valli fertili che fanno da oasi. I cittadini di Leh sono cosmopoliti che nonostante le differenze religiose convivono in armonia e pace. Tale situazione non è cambiata neanche dopo che molti soldati – per via della vicinanza al focolare di conflitto, il Kaschmir

Leh ist immer noch Handelsplatz, vor allem für Kaschmirwolle. Kaschmir ist eine besonders feine Wollsorte. Sie wird aus dem Unterhaar der Bergziegen gewonnen, die auf den Hochweiden grasen. Im März und April benötigen die Tiere das feine Haar, das sie gegen die extremen Minustemperaturen schützt nicht mehr für den Sommer, dann entfernen die Hirten es mit feinzinkigen Kämmen. Kaschmirwolle erhielt ihren Namen, weil sie bis ins 18. Jahrhundert fast ausschließlich in Kaschmir weiterverarbeitet wurde. Die begehrten Haarbüschel müssen erst gereinigt, gröbere Fasern entfernt und nach Farben geordnet werden, bevor sie zu Fäden gesponnen und zu teuren Schals oder Pullovern gewebt werden. Exquisites neben Einfachem. Genauso kontrastreich wie die ganze Region Kaschmir und Ladakh. Kargheit und Üppigkeit, Überfluss und Kampf ums Überleben, sattes Grün und vegetationsloses Grau. Endlose Weite und tiefe Schluchten. Verwitterte Hügel, grauer Fels und blühende Bergwiesen. Über allem der klare blaue Himmel. Kaschmir und Ladakh. Wo die Welt endet und das Paradies beginnt.

the 18th Century, it was produced almost exclusively in Kashmir. The coveted clumps of hair must first be cleaned, the coarser fibres removed and the hair sorted into different colours, before being spun into thread and woven into expensive shawls or pullovers. Exquisite alongside the simple. Just as contrasting as the whole region of Kashmir and Ladakh. Desolation and luxuriance, abundance and the fight for survival, rich green and barren grey. Endless vistas and deep gorges. Weathered hills, grey rock and blooming mountain meadows, and above all the clear blue sky. Kashmir and Ladakh. Where the world ends and Paradise begins.

la présence des nombreux soldats qui sont stationnés ici – en raison de la proximité du foyer de conflits qu'est le Cachemire – n'a perturbé cette cohabitation pacifique. Bouddhistes, hindouistes, musulmans personnifient la tolérance de par leur comportement ; dans les mariages mixtes, les fils adoptent la religion du père et les filles celle de la mère.

Leh est encore une place commerciale de nos jours, notamment pour la vente du cachemire, cette laine particulièrement fine obtenue à partir des sous-poils des chèvres de montagne qui paissent sur les pâturages d'altitude. En été, ces animaux n'ont plus besoin de ce fin pelage qui les protège contre les températures négatives extrêmes en hiver. Les bergers le leur retire alors aux mois de mars et avril au moyen de peignes à fines dents. On l'appelle laine cachemire car, jusqu'au 18ème siècle, elle était presque exclusivement travaillée dans cette région. Ces touffes de poils si recherchées doivent d'abord être nettoyées, débarrassées des fibres plus épaisses puis triées selon la couleur, avant d'être filées puis tissées pour fabriquer des foulards ou des pullovers coûteux. Le raffinement allié à la simplicité. Une métaphore élégante pour parler de la richesse des contrastes dans toute la région englobée par le Cachemire et le Ladakh : la pauvreté et l'opulence, l'abondance et la lutte pour la survie mais aussi des paysages d'un vert éclatant et la grisaille de la roche pelée, d'interminables étendues et de profonds abîmes, des collines s'effritant sous les intempéries, des rochers gris et des champs en fleurs. Avec, au-dessus de tout cela, le bleu clair du ciel. Le Cachemire et le Ladakh : c'est ici que s'achève le monde et que commence le paradis.

y siguen aquí a causa de su cercanía con la conflictiva Cachemira –ha perturbado la convivencia en la ciudad. Los budistas, los hinduistas y los musulmanes de esta población personifican con su comportamiento la mutua tolerancia. En los matrimonios mixtos los hijos adoptan la religión del padre y las hijas la de la madre.

Leh sigue siendo un centro comercial sobre todo de venta de lana de Cachemira. La cachemir es un tipo de lana especialmente fina. Procede de la capa más profunda de pelo de las cabras de montaña que pastan en los prados de las sierras. En verano los animales ya no necesitan el fino pelo que en invierno los protege de las bajas temperaturas. Por ese motivo los pastores se lo retiran con ayuda de peines muy finos en marzo y en abril. La lana cachemir recibió ese nombre porque hasta bien entrado el siglo XVIII era exclusivamente elaborada en Cachemira. En primer lugar se procede a limpiar los valiosos mechones de pelo. A continuación se eliminan las fibras más gruesas de los mismos y se ordenan según su color. Por último se pasa a tejer con las fibras los hilos con los que posteriormente se manufacturan las caras bufandas y jerseys de este material. La exquisitez se une a la simplicidad. Una elegante metáfora para la riqueza de contrastes de toda la región que abarca Cachemira y Ladakh: aridez y opulencia, abundancia y lucha por la supervivencia, parajes de un verde frondoso junto a otros grises y pelados, interminables extensiones y profundos abismos. Un paisaje de ralas colinas, rocas grises y florecientes praderas de montaña. Y el claro cielo azul cubriéndolo siempre todo. Cachemira y Ladakh. Donde termina el mundo y comienza el paraíso.

– si sono stabiliti qui. Buddisti, induisti, mussulmani personificano tolleranza, nei matrimoni misti i figli maschi seguono il credo del padre, le figlie quella della madre. Leh continua ad essere un luogo di commercio, soprattutto di lana cachemere. Il cachemere un tipo di lana particolarmente fine che viene ricavata dal sottopelo delle capre di montagna che pascolano ad elevate altitudini. A marzo ed aprile gli animali non hanno più bisogno del fine pelo che li protegge dalle estreme temperature invernali sottozero, i pastori quindi lo tagliano con pettini a denti finissimi. Alla lana cachemire è stato dato questo nome in quanto fino al XVIII secolo essa veniva lavorata quasi esclusivamente nel Kaschmir. Gli ambiti ciuffi di pelo devono venire prima puliti, liberati dalle fibre più grossolane e suddivisi a seconda del colore prima di venire filati e tessuti e trasformati così in costosi scialli e pullover. Un connubio di eccellenza e semplicità. Ricco di contrasti così come l'intera regione Kaschmir e Ladakh. Carenza e opulenza, eccesso e lotta per sopravvivere, verde vivo e grigio privo di vegetazione. Distese infinite e profondi burroni. Colline rovinate dalle intemperie, rocce grigie e fioriti prati montani. E sopra tutto ciò il limpido cielo blu. Kaschmir e Ladak. Dove il mondo finisce e comincia il paradiso.

1	Srinagar, Kashmir	26	Suru Valley, Ladakh
2	Old Town, Srinagar, Kashmir	27	Buddha Maitreya, Mulbekh, Ladakh
3	General Store, Srinagar, Kashmir	28	Towards Leh, Ladakh
4	Houseboats on Dal Lake, Kashmir	29	Sediment layers near Lamayuru, Ladakh
5	Thunderstorm over Dal Lake, Kashmir	30	Lamayuru Monastery, Ladakh
6	Living room on a houseboat, Kashmir	31	Novices during tea break, Lamayuru Monastery, Ladakh
7	View of Dal Lake, Kashmir	32	Courtyard, Lamayuru Monastery, Ladakh
8	Ride in a shikara, Dal Lake, Kashmir	33	Confluence of Indus River and Zanskar River, Ladakh
9	Flowerman, Dal Lake, Kashmir	34	Trekking, Zanskar, Ladakh
10	Nishat Bagh Mughal Garden, Srinagar, Kashmir	35	Crossing of Hanuma-La, Zanskar, Ladakh
11	Shalimar Garden at Dal Lake, Kashmir	36	Photoksar, Zanskar, Ladakh
12	Wular Lake, Kashmir	37	Fields near Lingshed Monastery, Ladakh
13	Hazrat Bal Mosque, Srinagar, Kashmir	38	Zanskar, Ladakh
14	Shepherds in Kashmir Valley	39	Village, Zanskar, Ladakh
15	Gulmarg, Kashmir	40	Near Padam, Zanskar, Ladakh
16	Indian winter enjoyment, Khilanmarg, Kashmir	41	Near Karsha Monastery, Zanskar, Ladakh
17	Khilanmarg, Kashmir	42	Karsha Monastery, Zanskar, Ladakh
18	Avantipur Temple, Kashmir	43	Lunchtime at Karsha Monastery, Zanskar, Ladakh
19	Near Pahalgam, Kashmir	44	Markha Valley, Ladakh
20	Pahalgam, Kashmir	45	Skyu, Markha Valley, Ladakh
21	Village, Kashmir	46	Tisseru Chorten, Indus Valley, Ladakh
22	Lidder Valley, Kashmir	47	View of Indus Valley from Thiksey Monastery, Ladakh
23	Aru, Kashmir	48	View of Leh, Ladakh
24	Sonamarg, Kashmir	49	Near Pangong Lake, Ladakh
25	Kargil, Kashmir	50	Pangong Lake, Ladakh

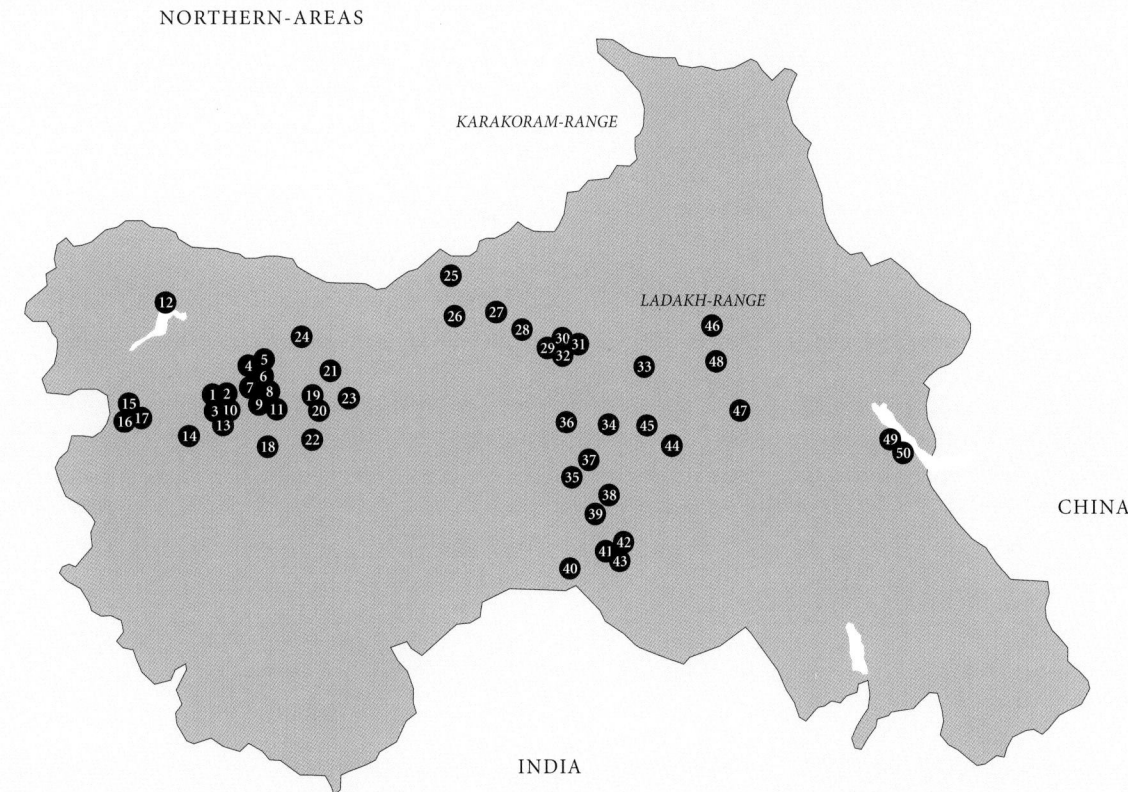

1 Srinagar, Kashmir

2   Old Town, Srinagar, Kashmir

▶ 3   General Store, Srinagar, Kashmir

4   Houseboats on Dal Lake, Kashmir

5 Thunderstorm over Dal Lake, Kashmir

6 Living room on a houseboat, Dal Lake, Kashmir

7 View of Dal Lake, Kashmir

8   Ride in a shikara, Dal Lake, Kashmir

9   Flowerman, Dal Lake, Kashmir

▶ 10   Nishat Bagh Mughal Garden, Srinagar, Kashmir

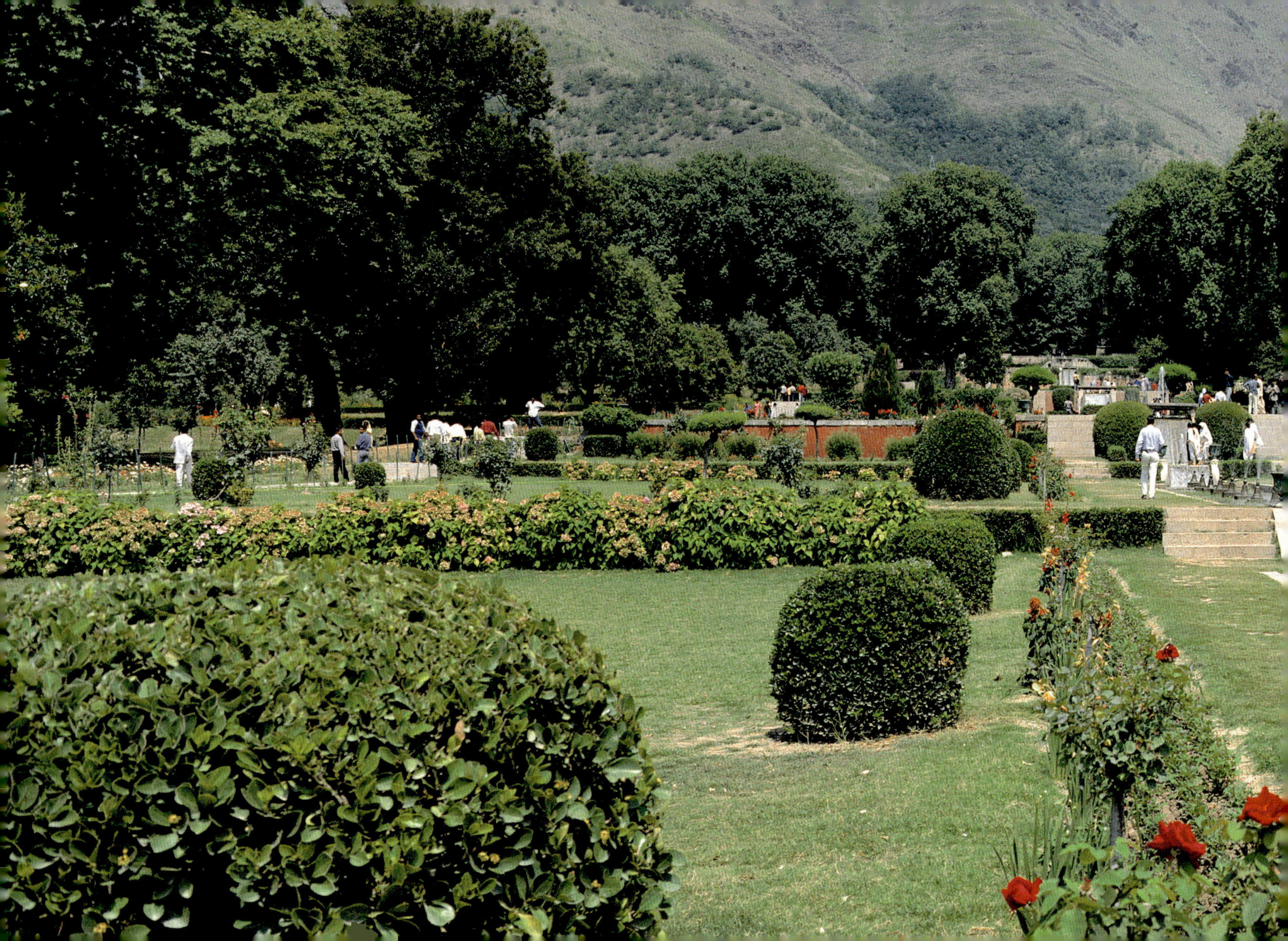

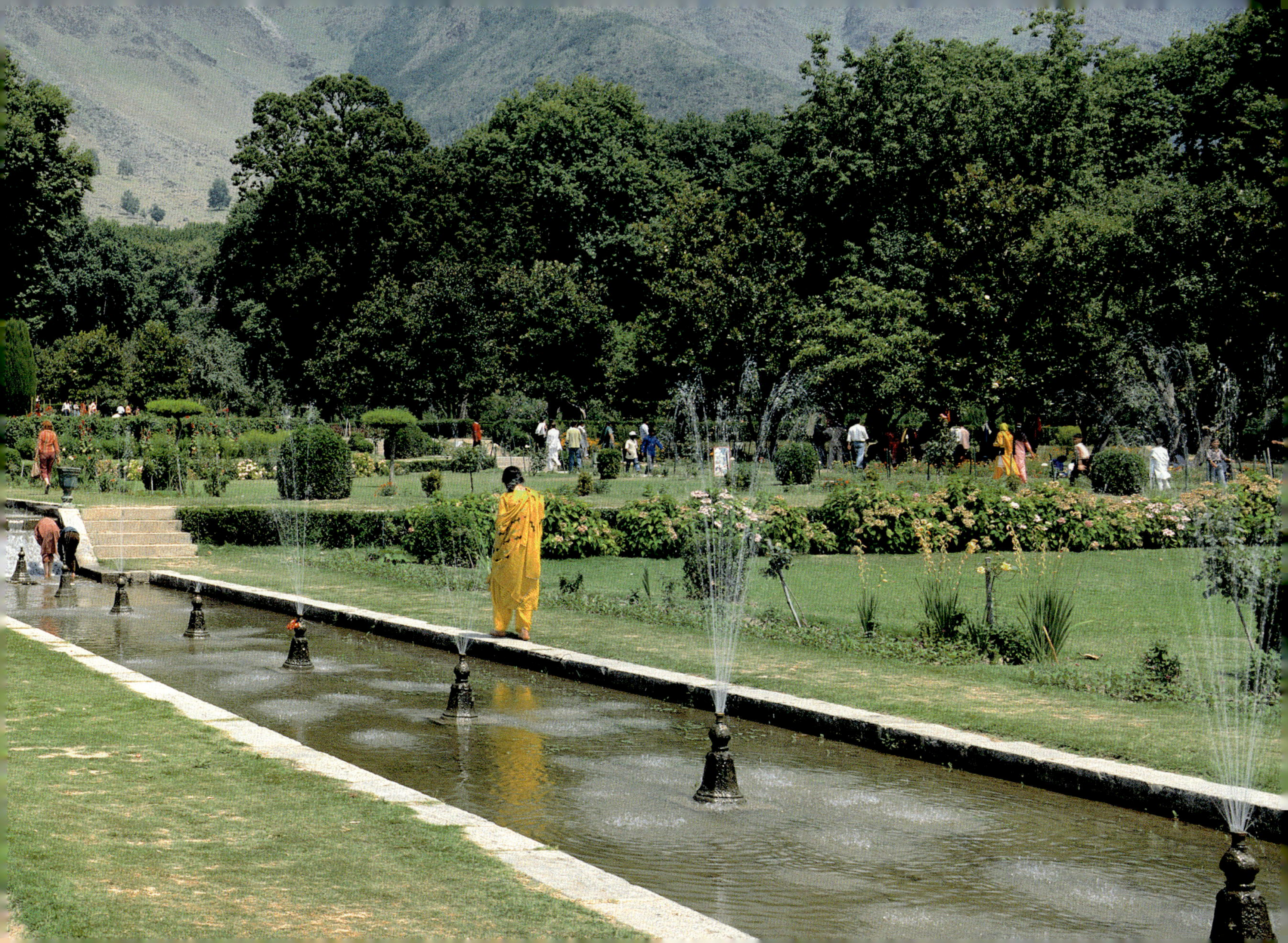

11 Shalimar Garden at Dal Lake, Kashmir

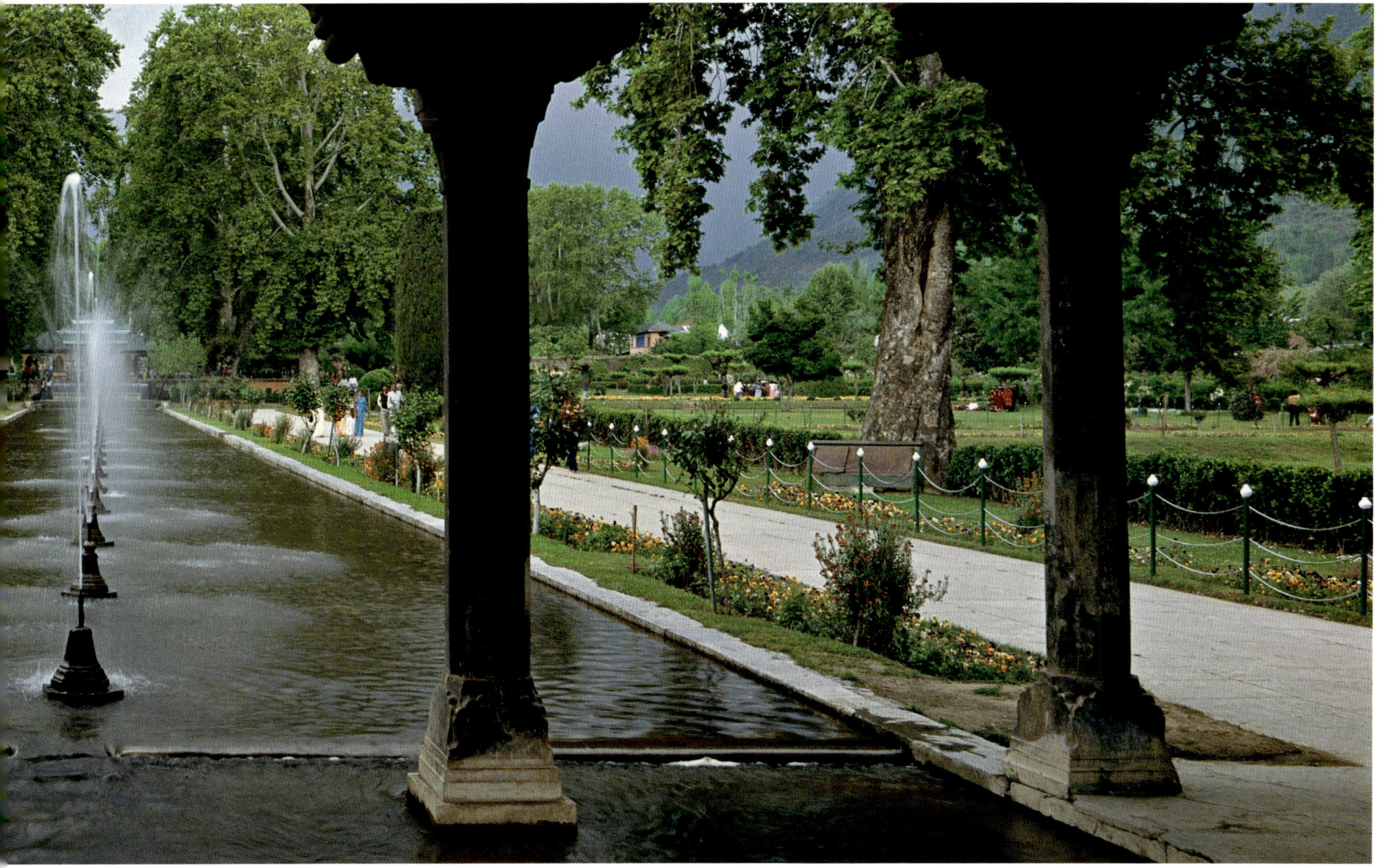

12 Wular Lake, Kashmir

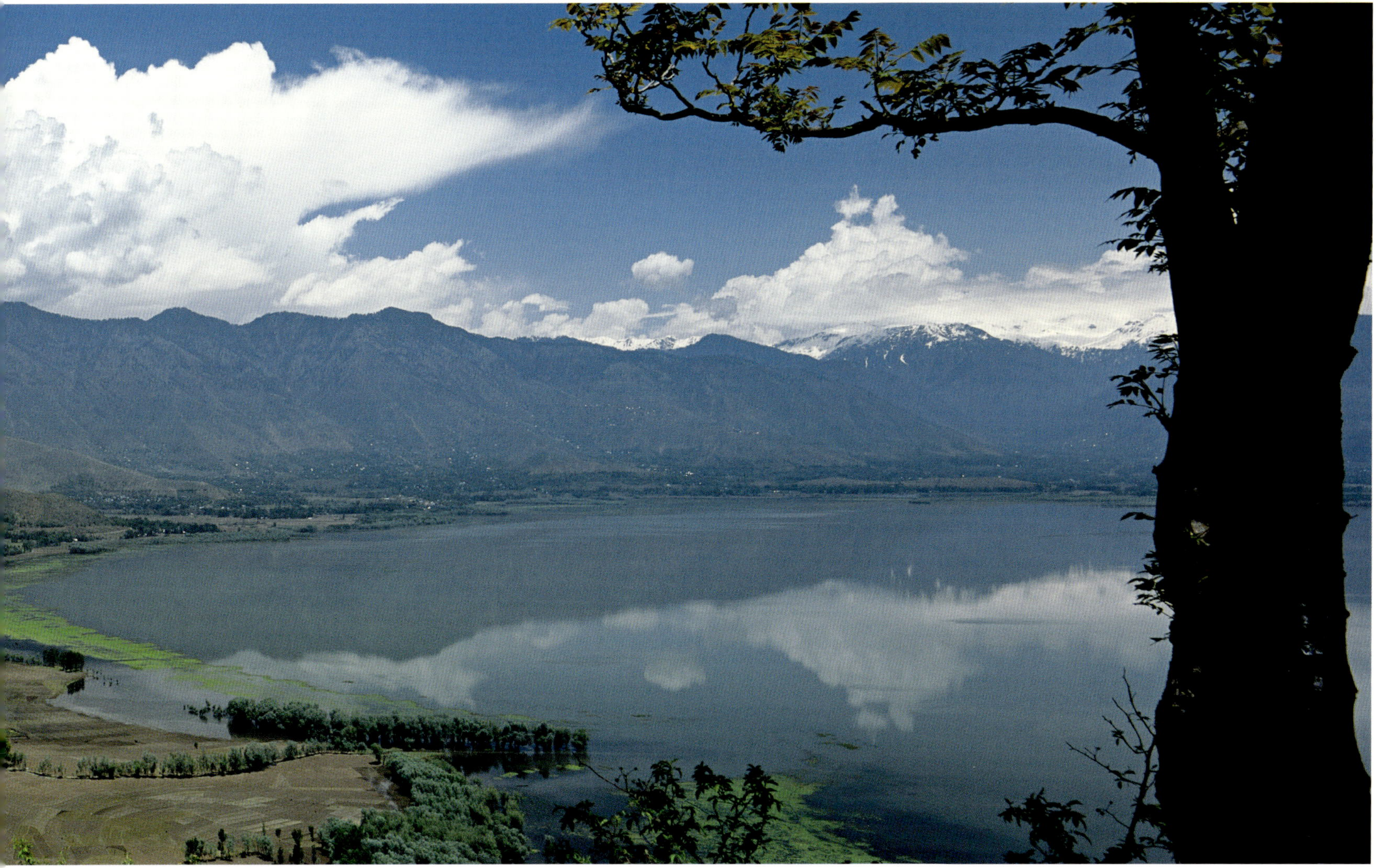

13   Hazrat Bal Mosque, Srinagar, Kashmir

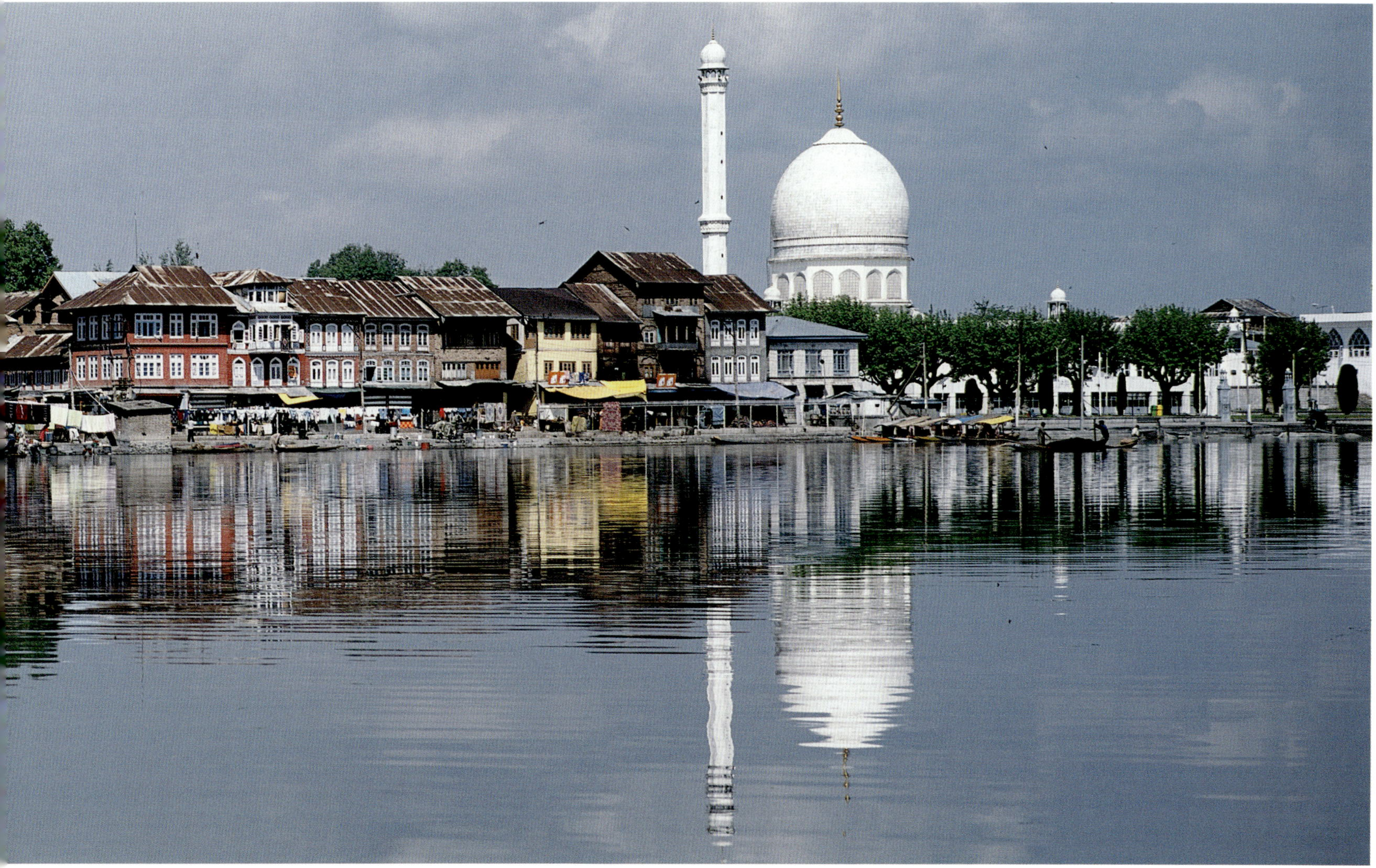

14 Shepherds in Kashmir Valley

▶ 15   Gulmarg, Kashmir

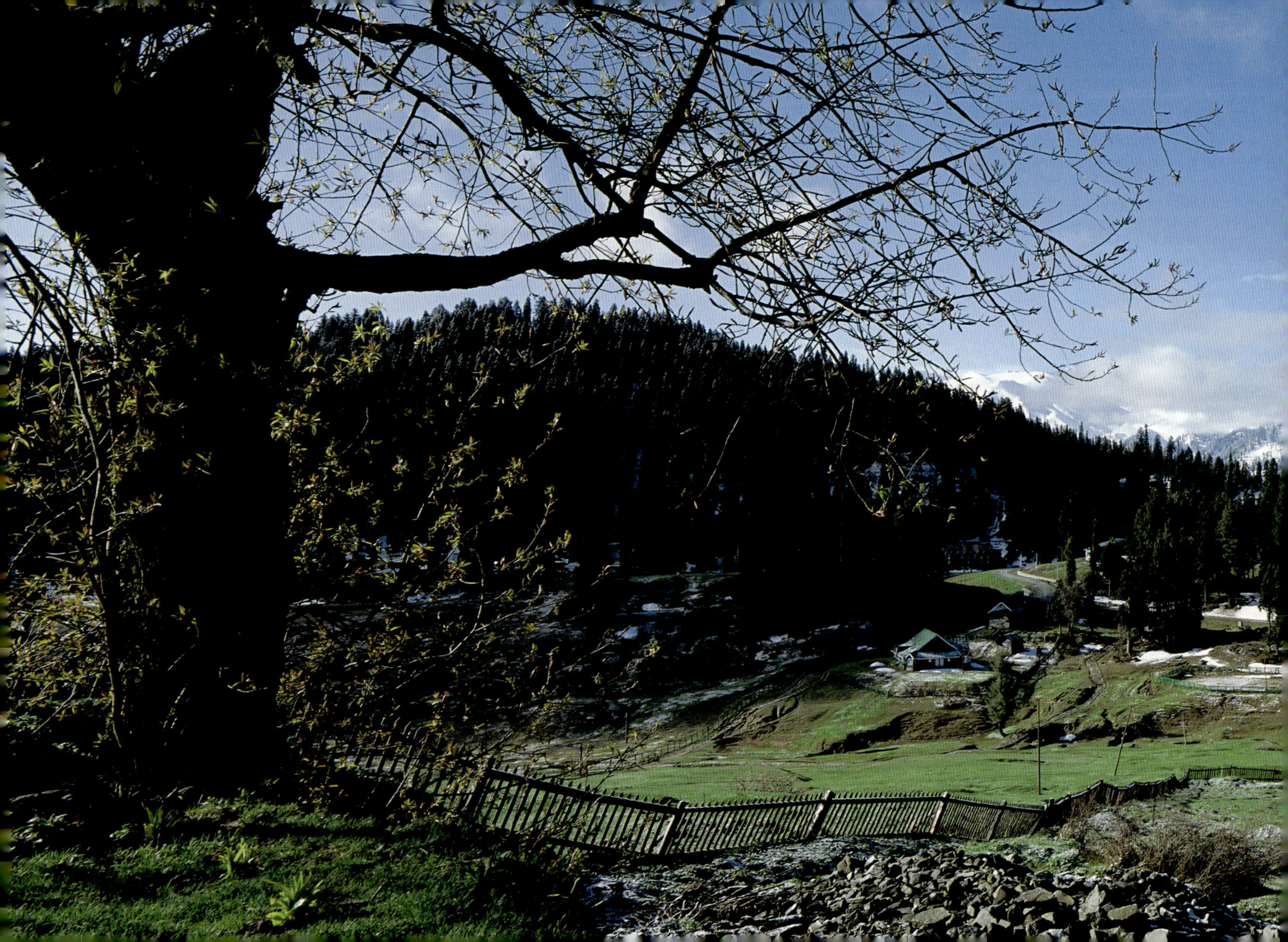

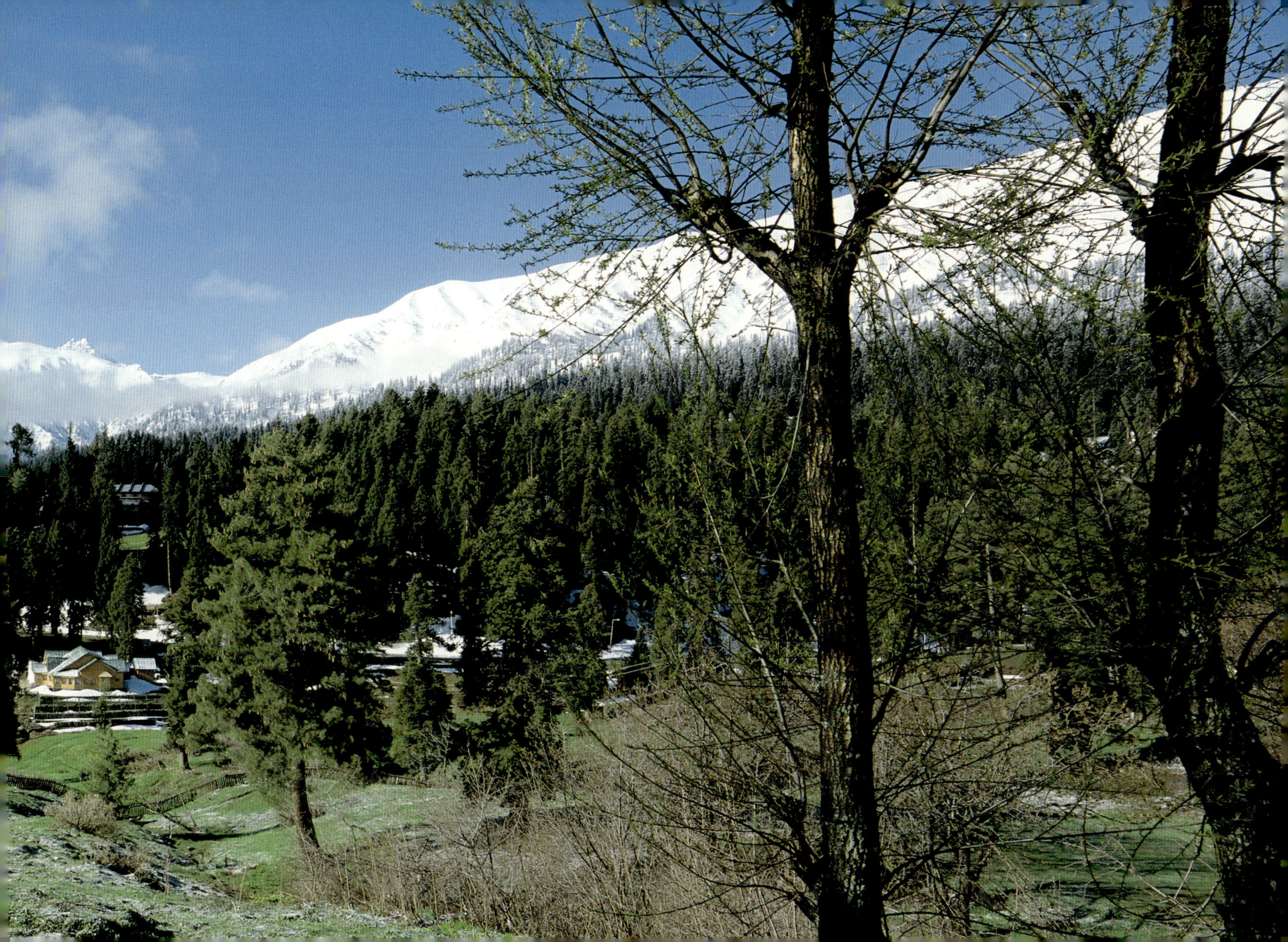

16 Indian winter enjoyment, Khilanmarg, Kashmir

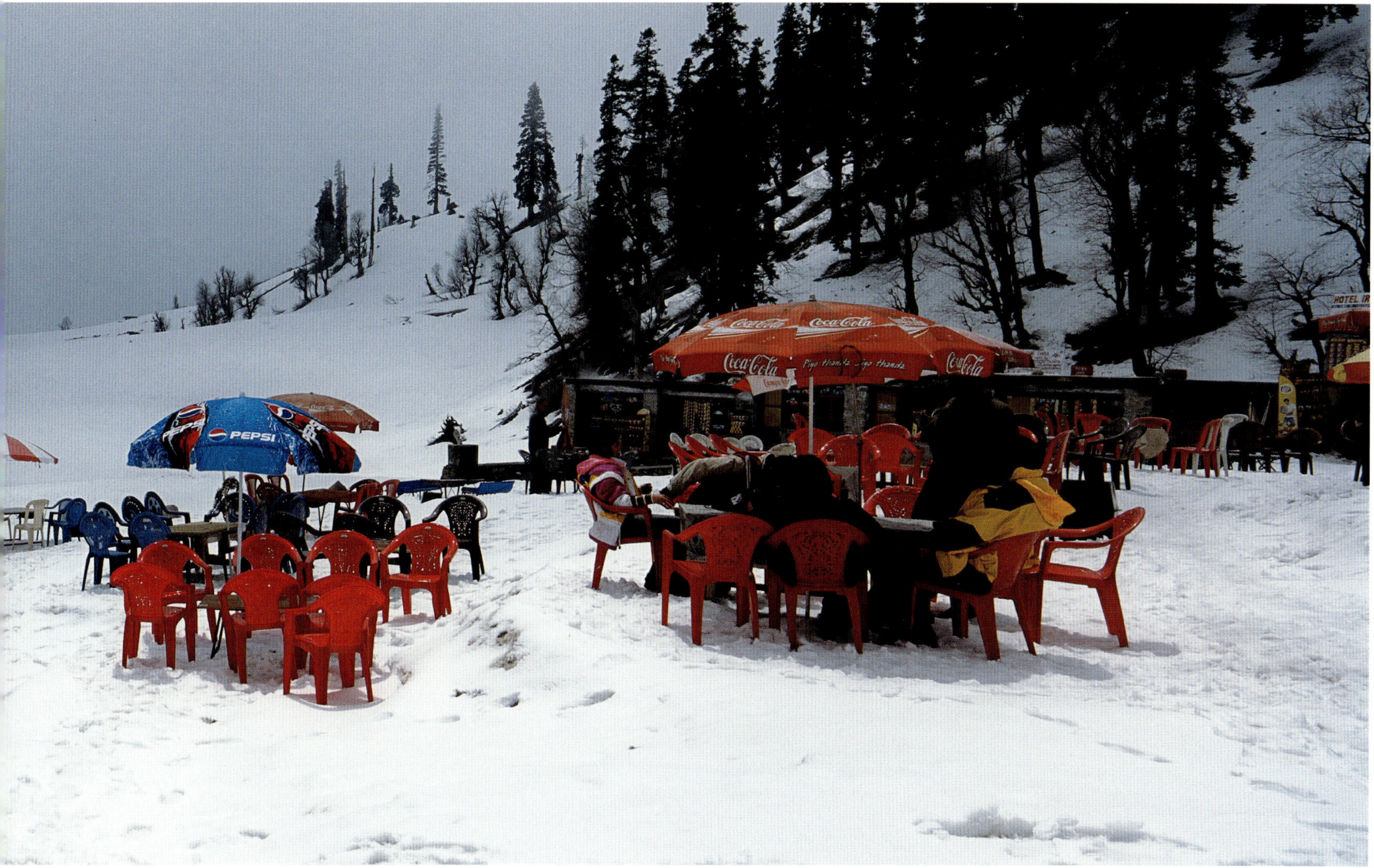
PEPSI
Coca-Cola

17 Khilanmarg, Kashmir

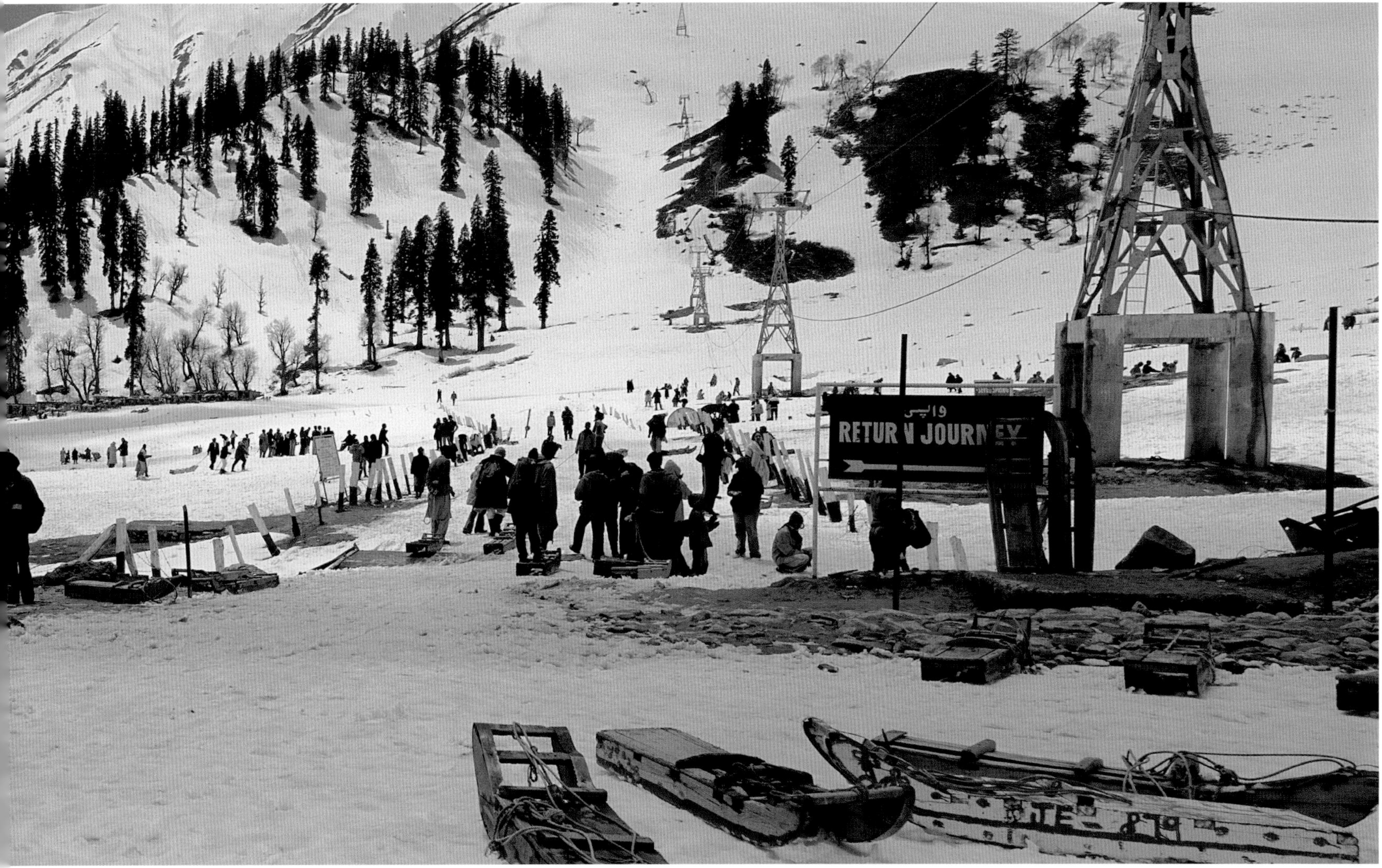
واپسی
RETURN JOURNEY

18 Avantipur Temple, Kashmir

▶ 19   Near Pahalgam, Kashmir

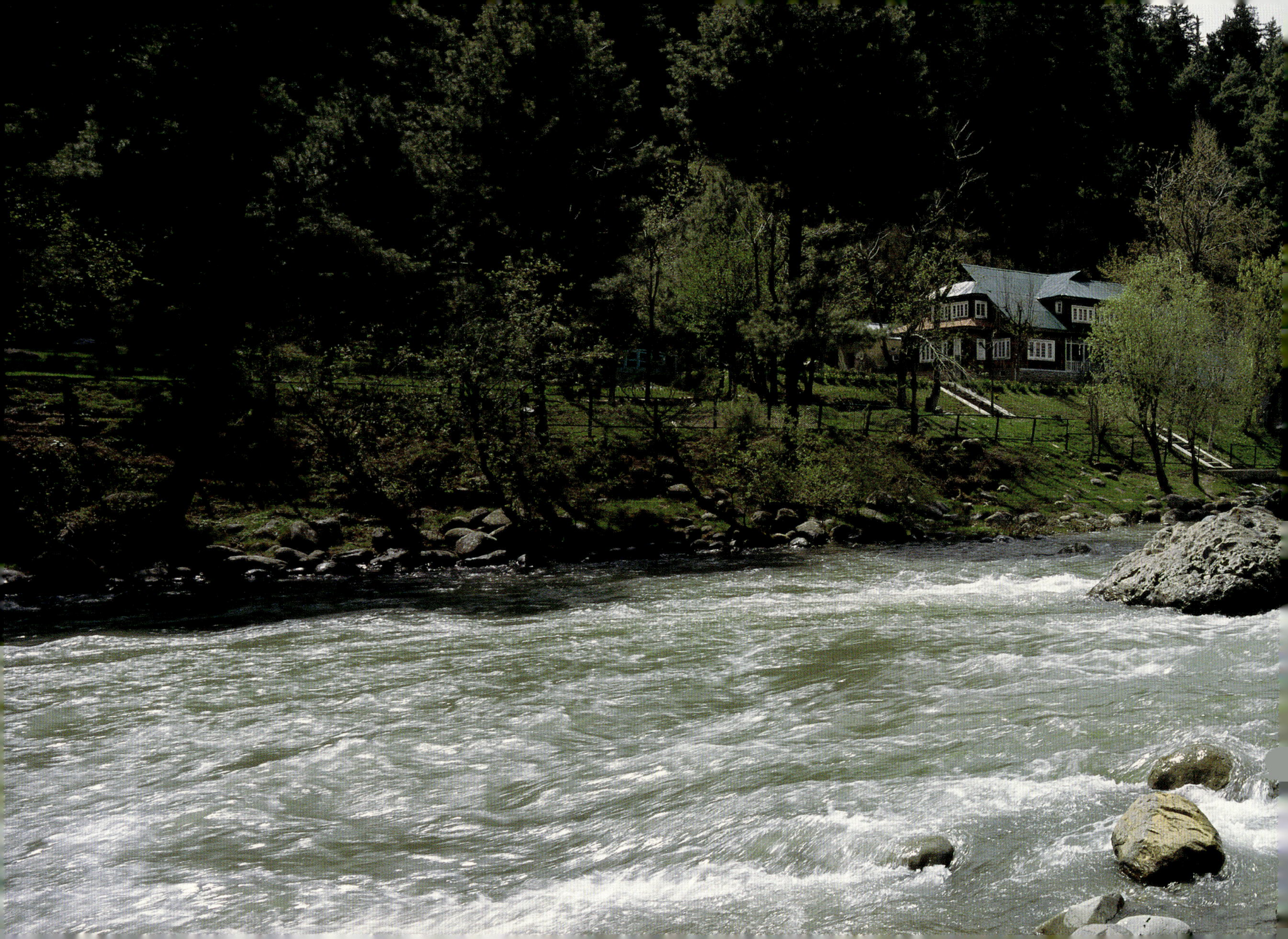

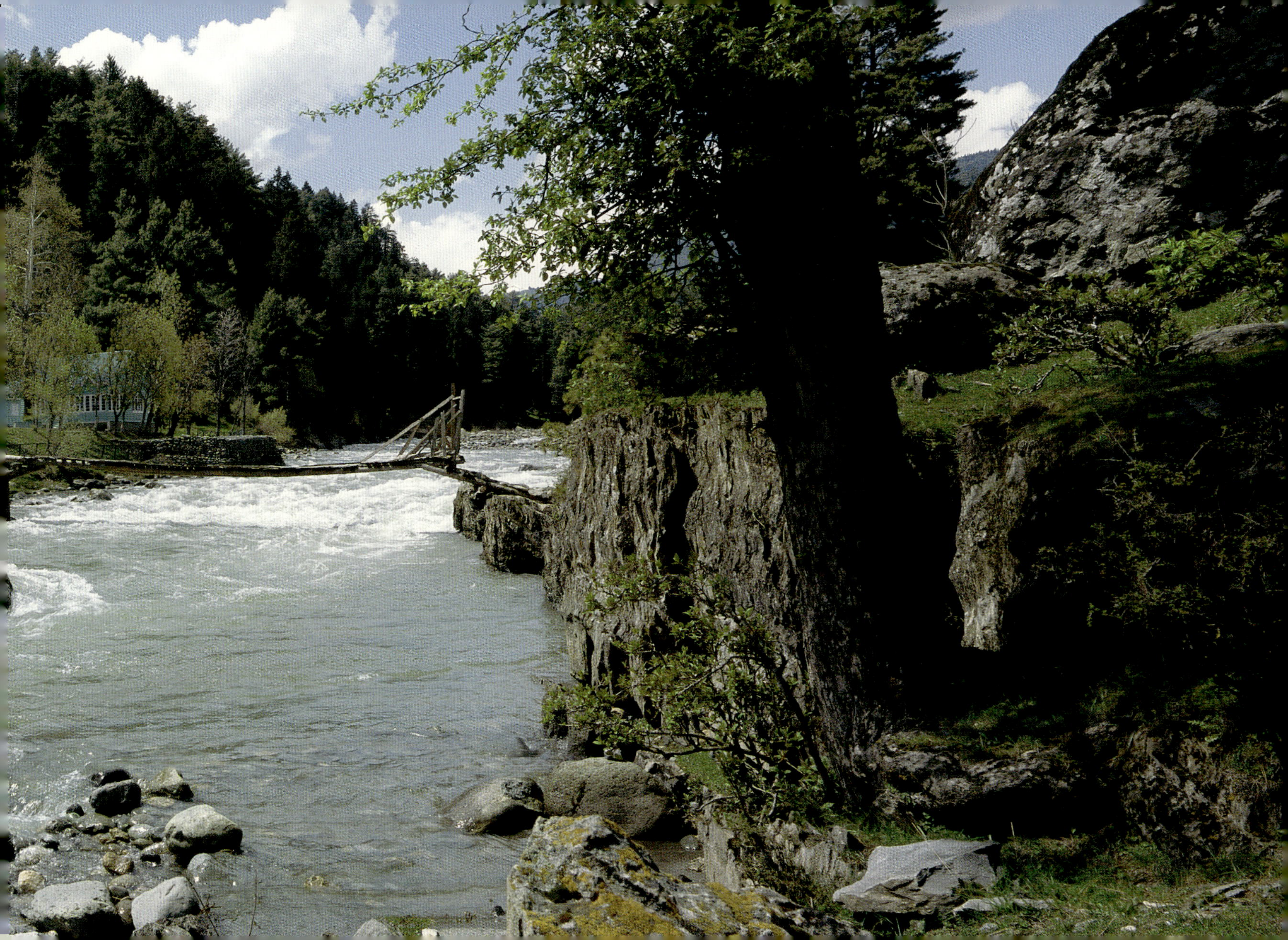

20 Pahalgam, Kashmir

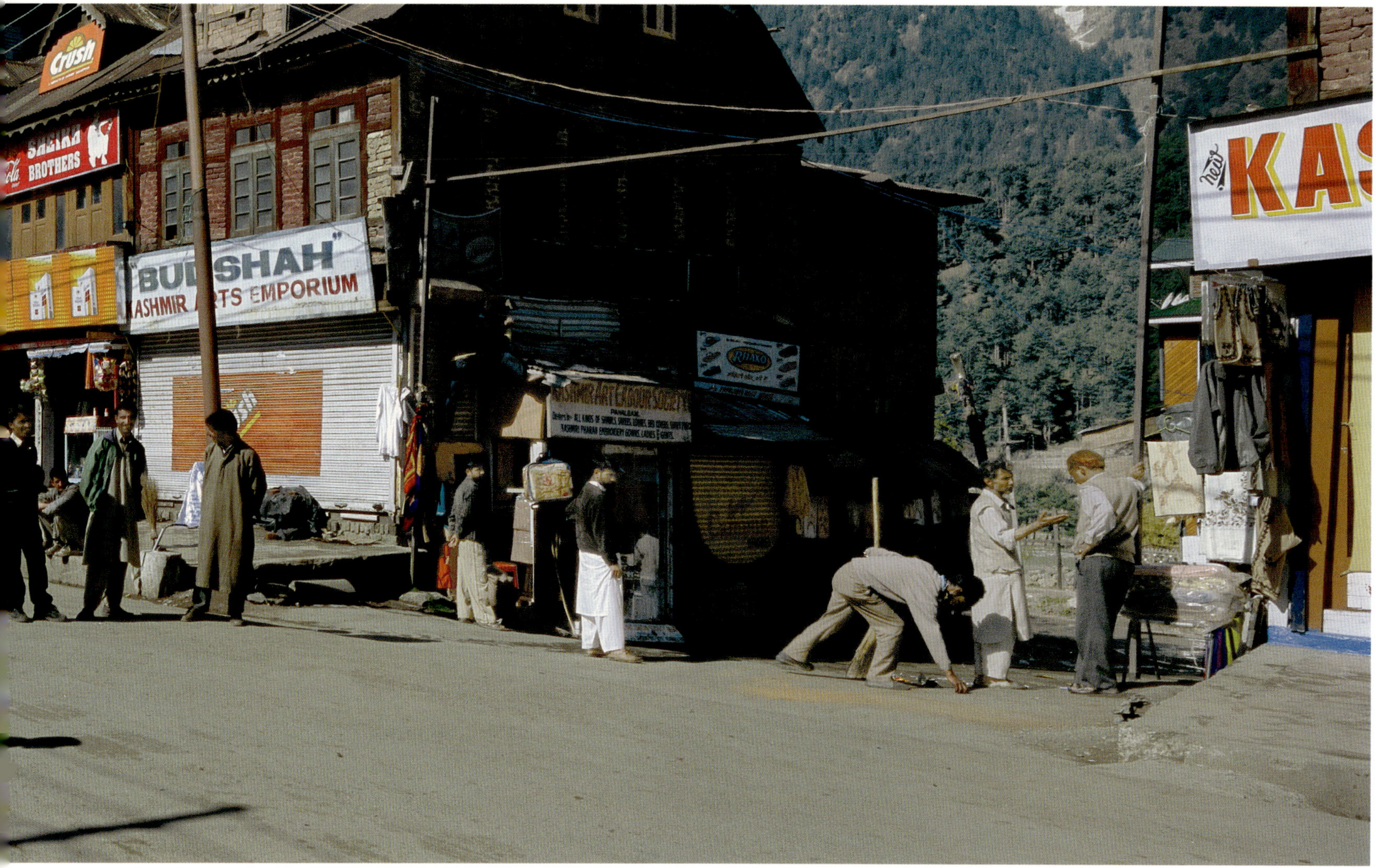
Crush
BROTHERS
EMPORIUM
KAS

21 Village, Kashmir

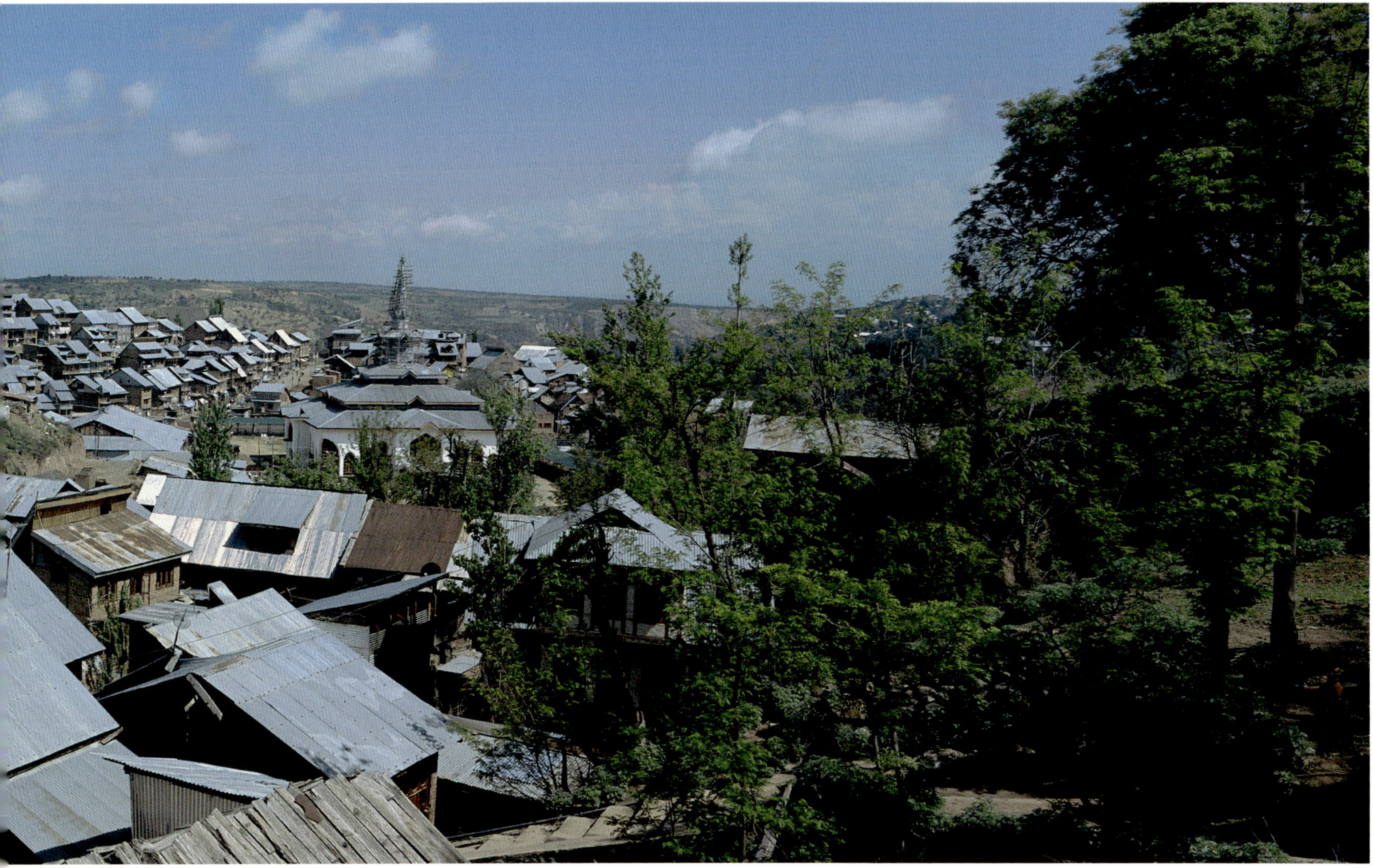

22 Lidder Valley, Kashmir

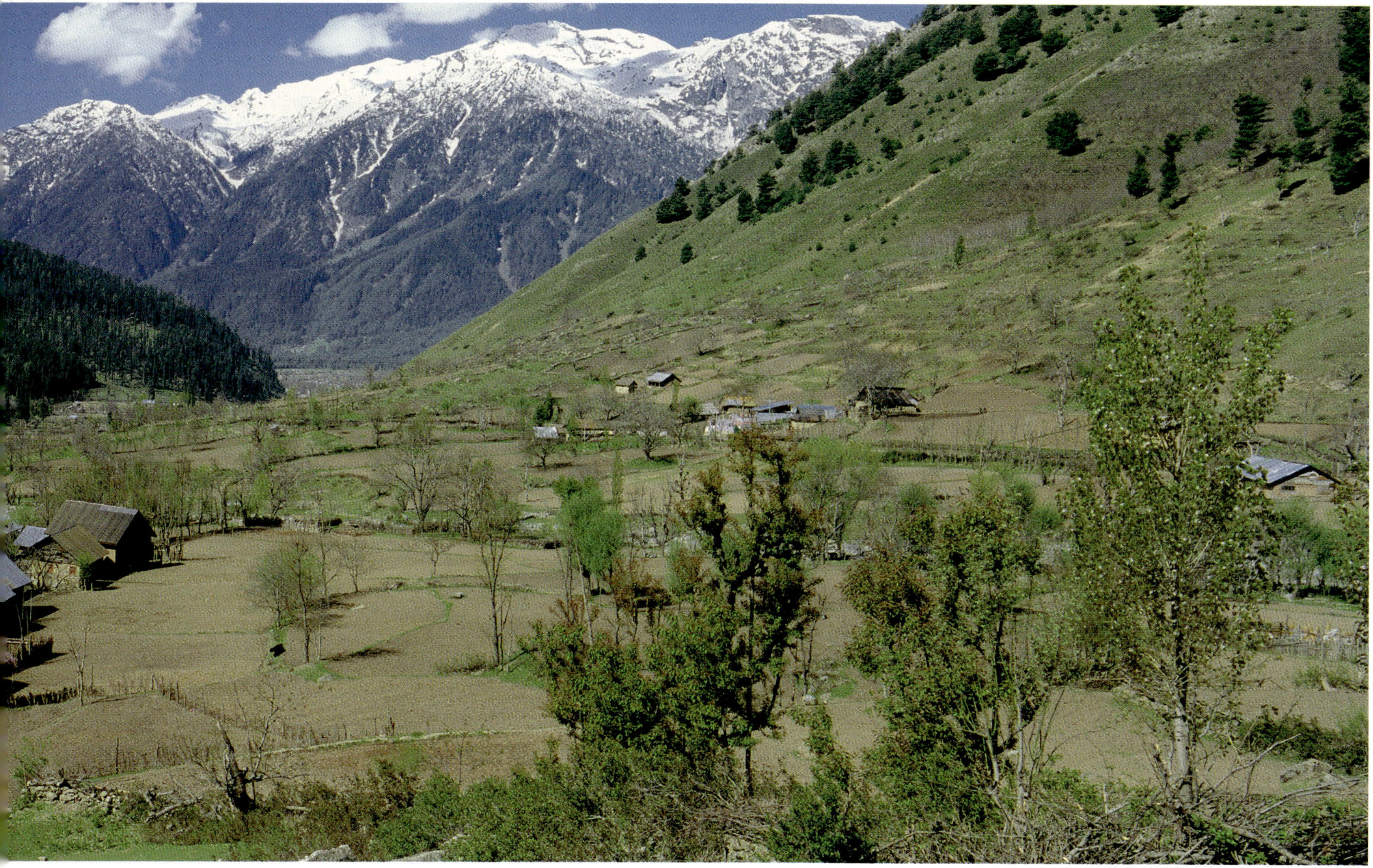

23 Aru, Kashmir

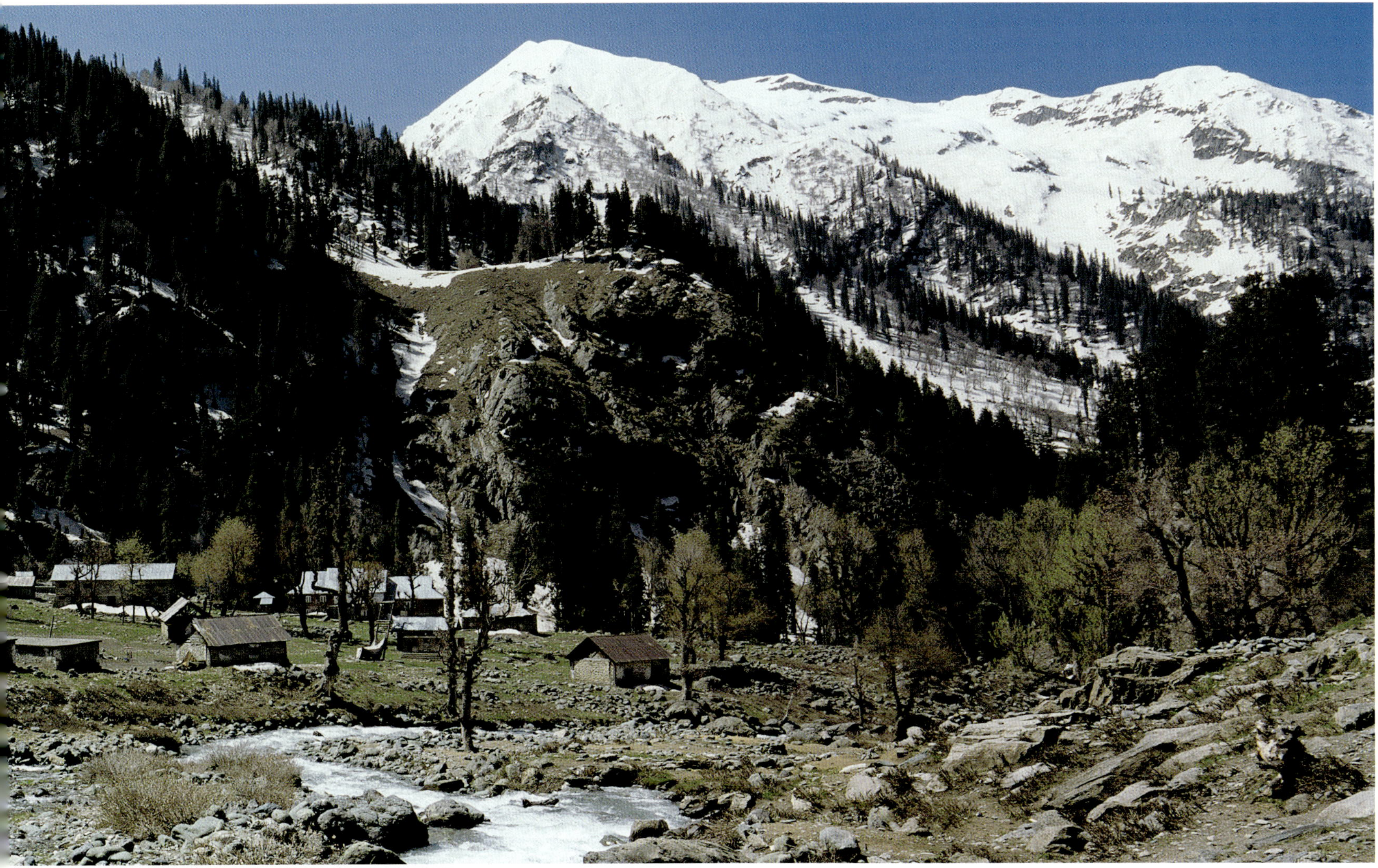

24 Sonamarg, Kashmir

▶ 25 Kargil, Kashmir

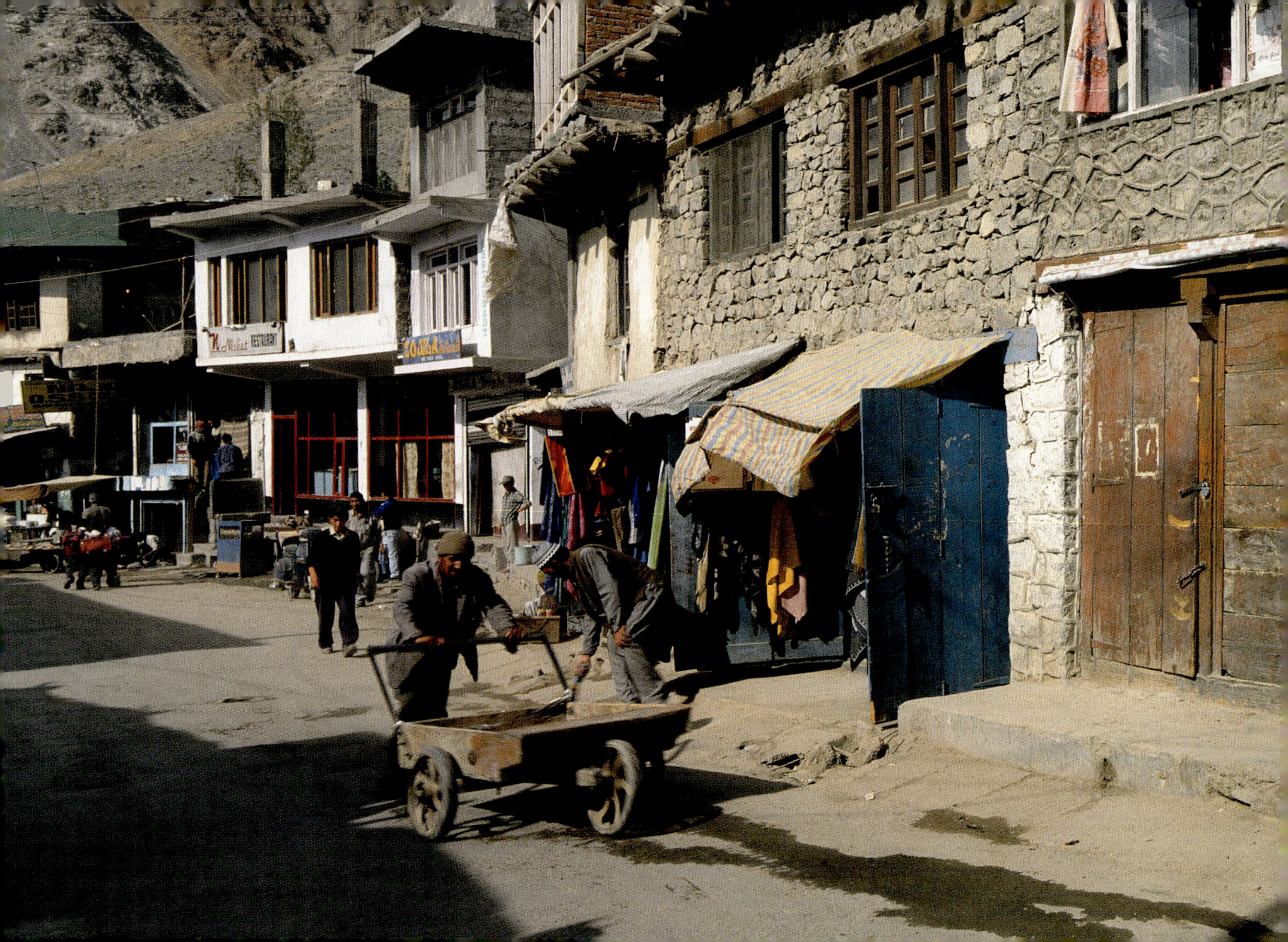
RESTAURANT

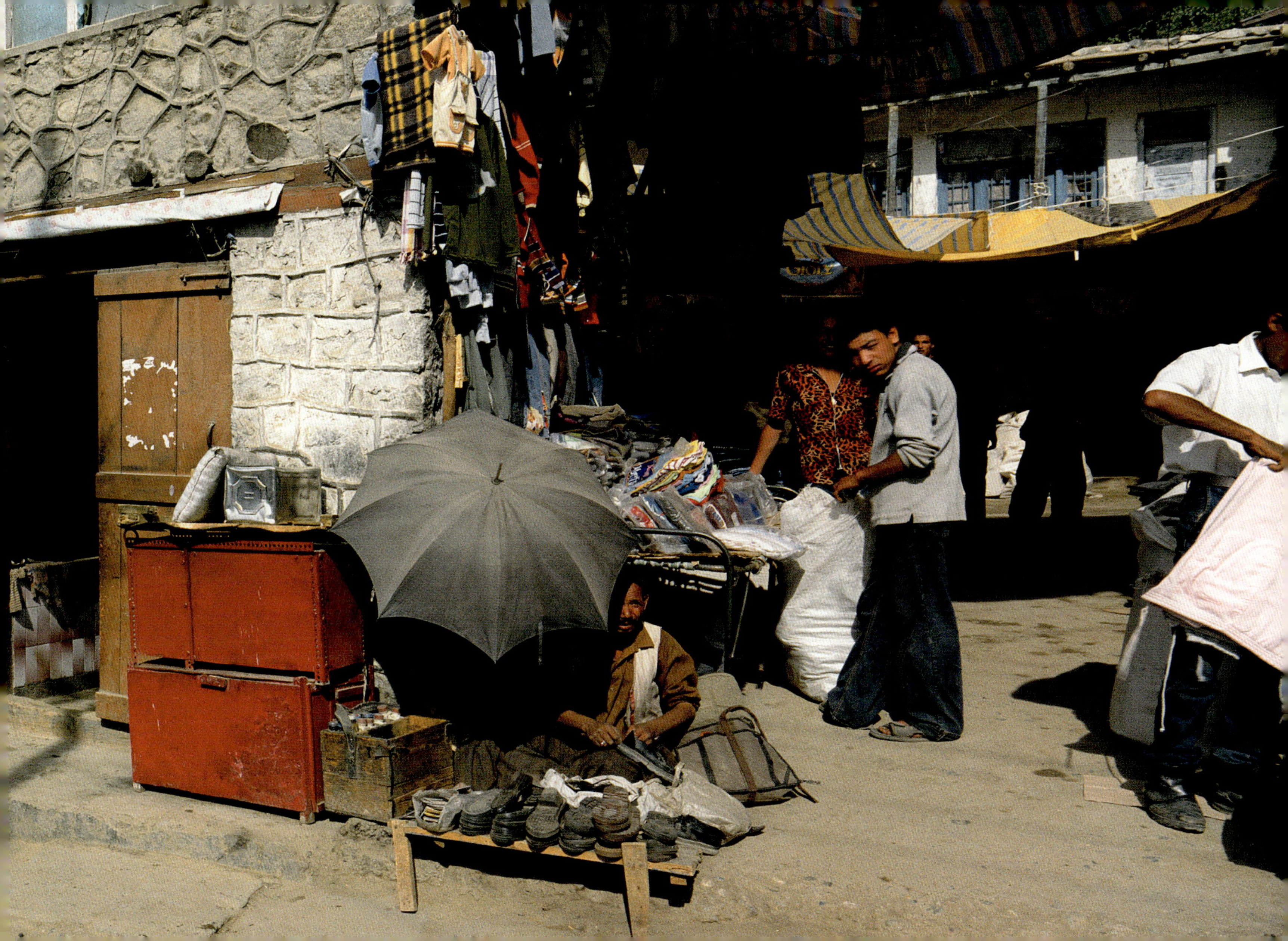

26 Suru Valley, Ladakh

▶ 27 Buddha Maitreya, Mulbekh, Ladakh

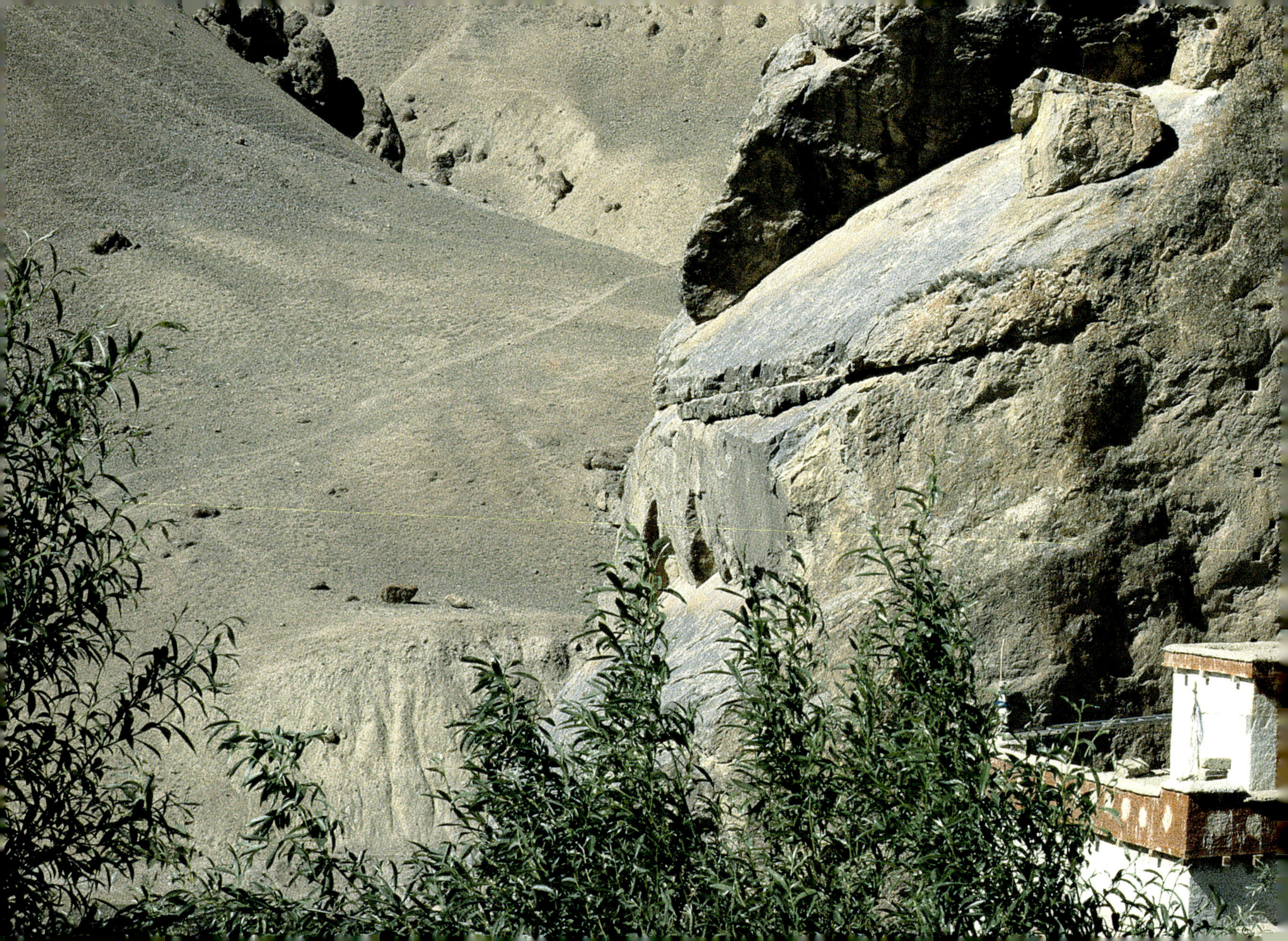

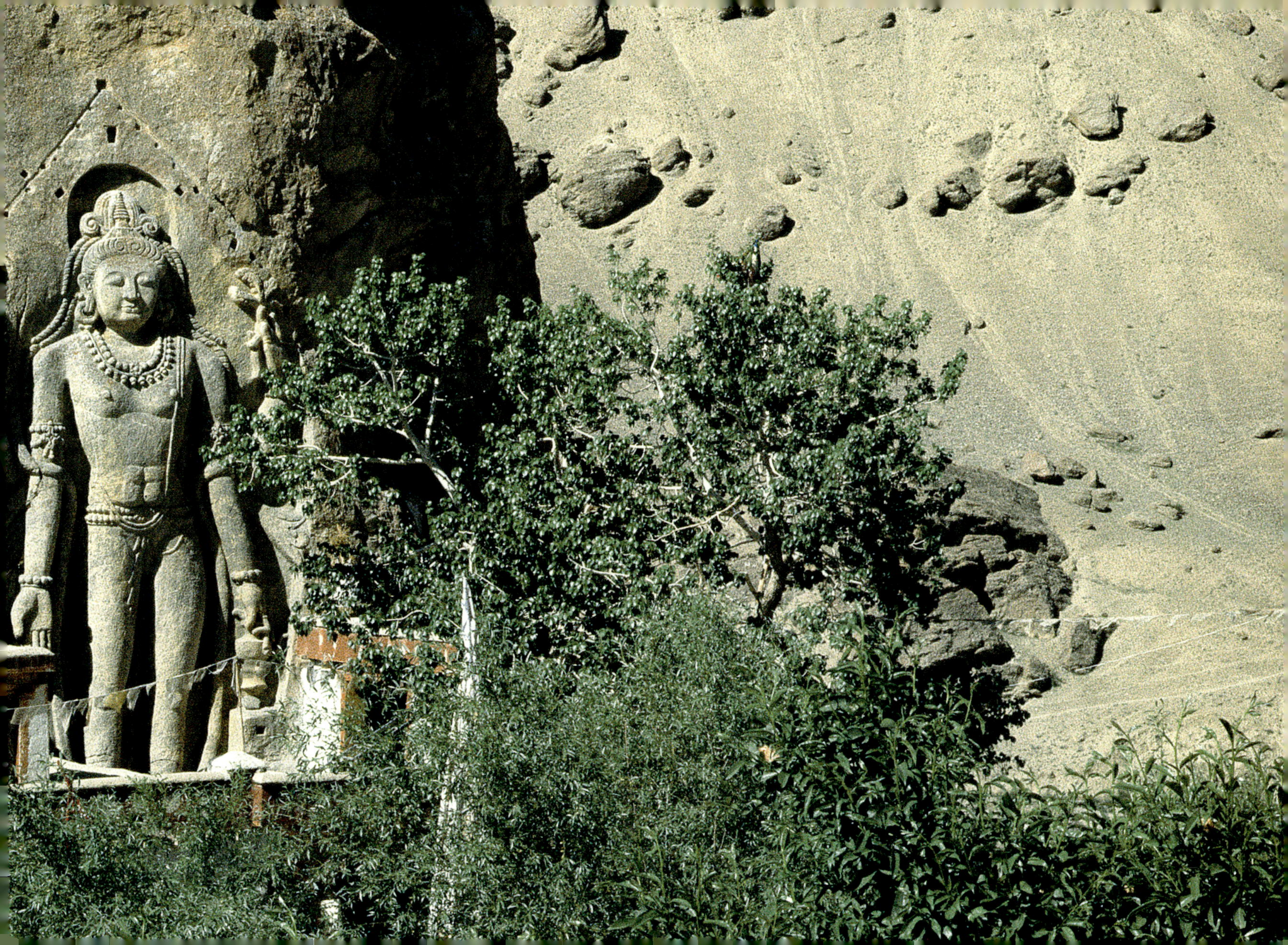

28 Towards Leh, Ladakh

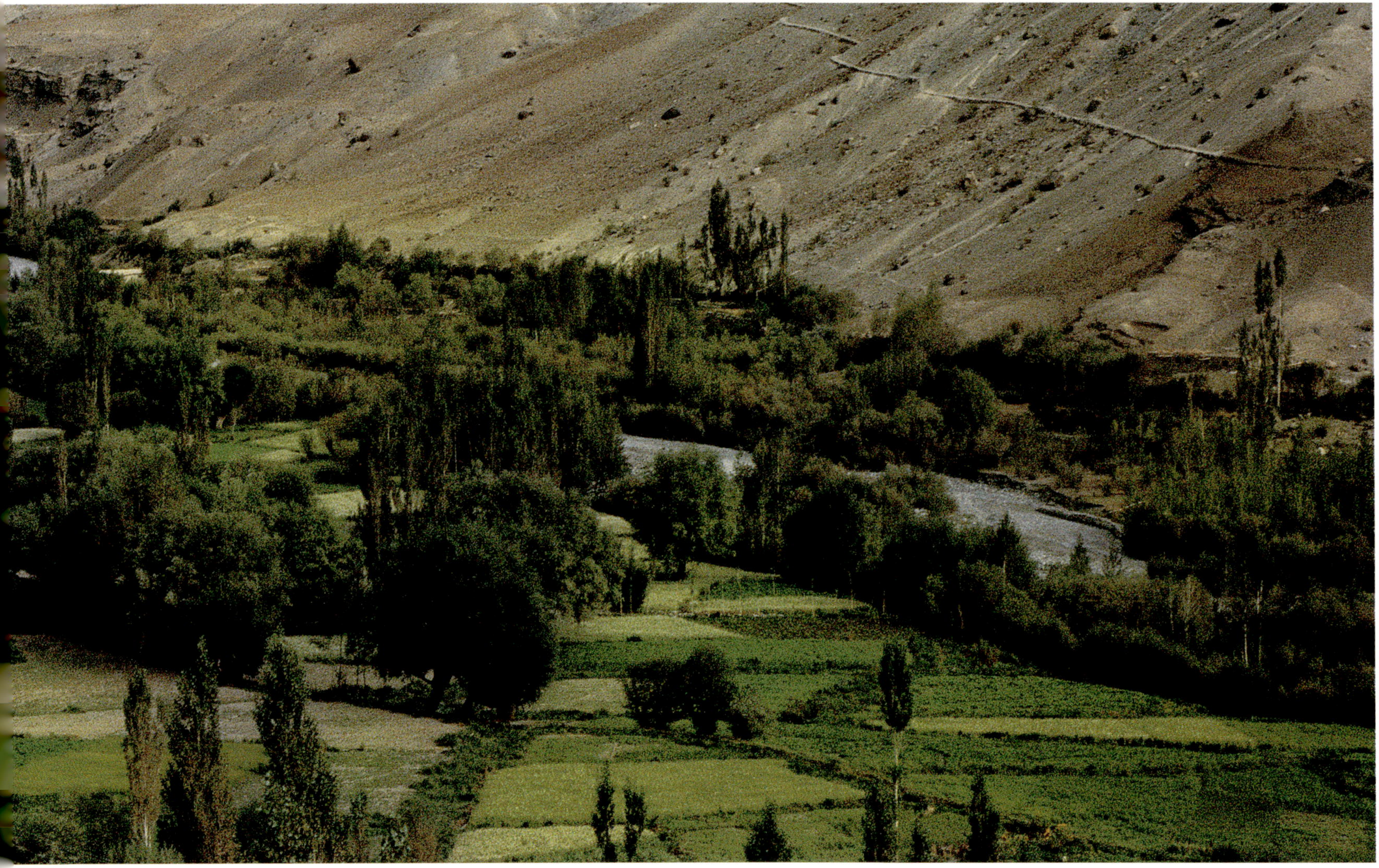

29 Sediment layers near Lamayuru, Ladakh

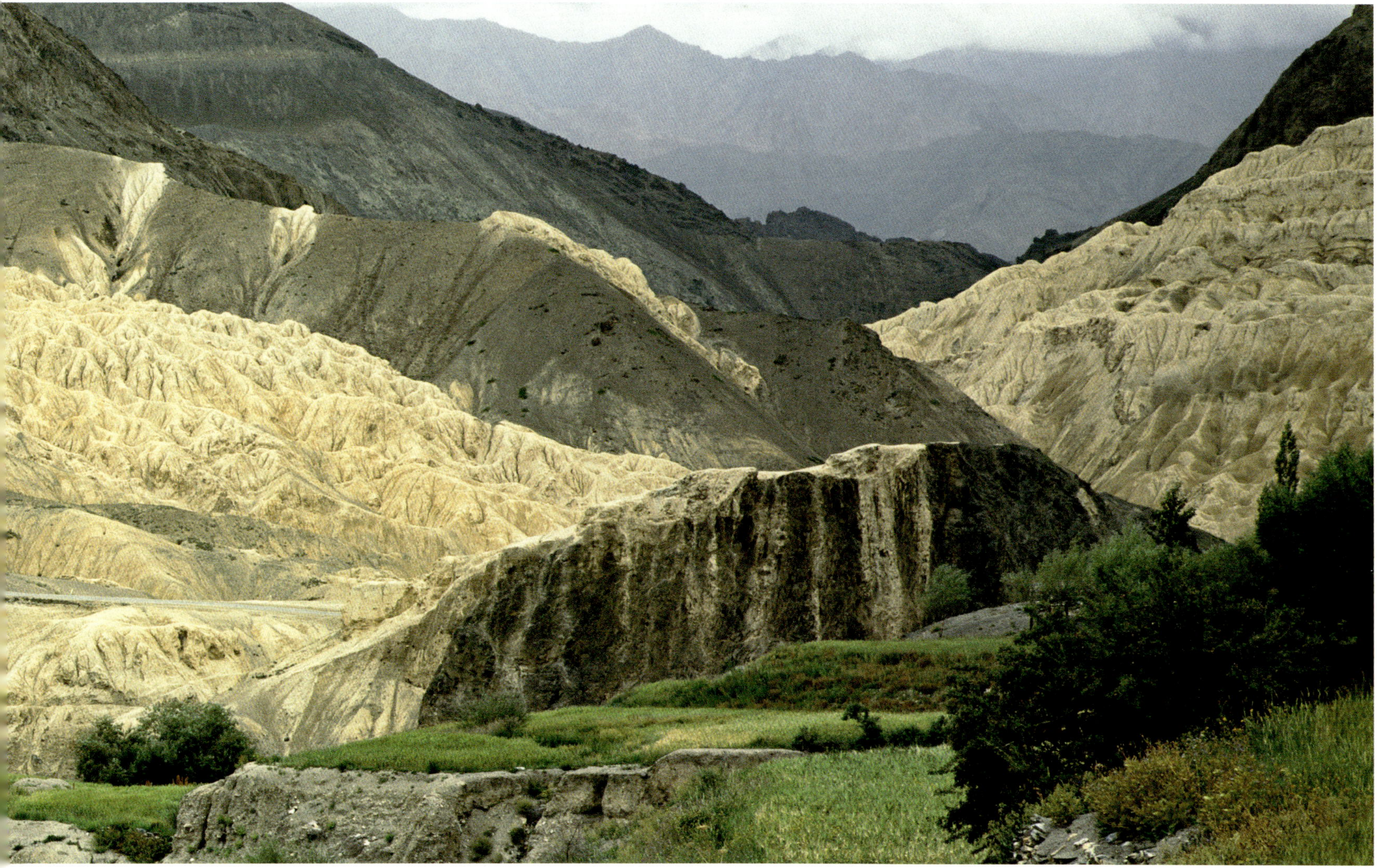

30 Lamayuru Monastery, Ladakh

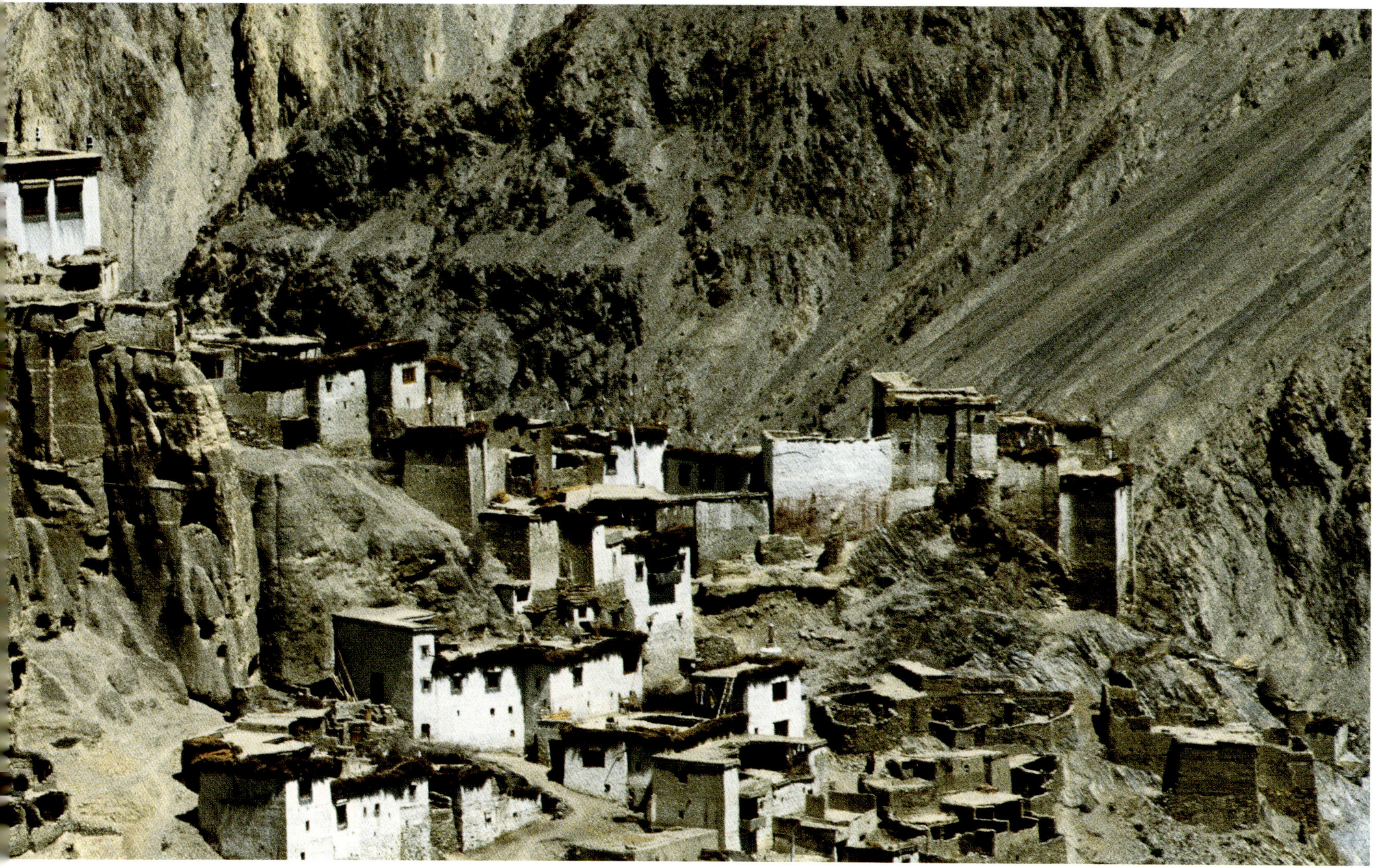

31 Novices during tea break, Lamayuru Monastery, Ladakh

▶ 32 Courtyard, Lamayuru Monastery, Ladakh

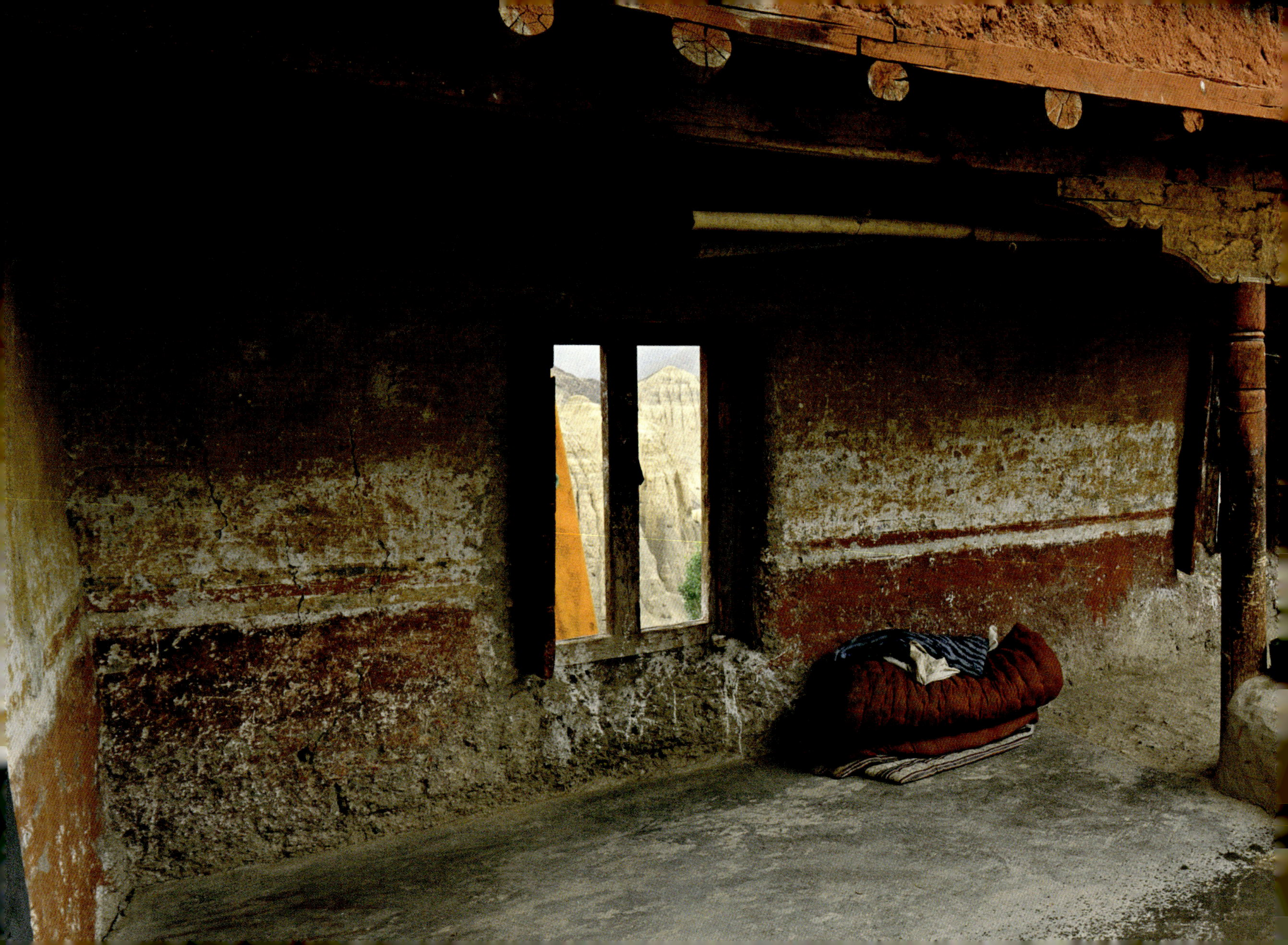

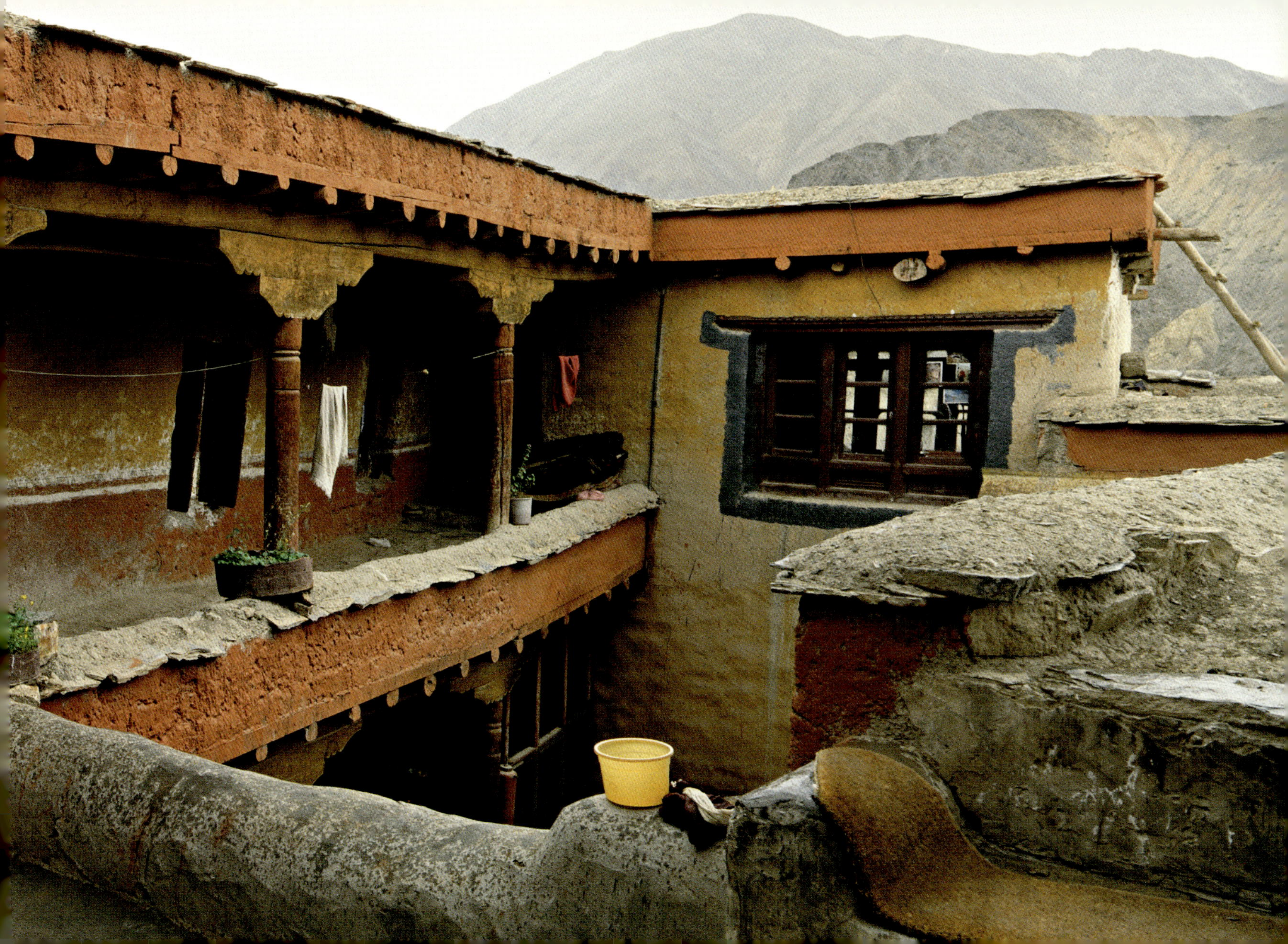

33 Confluence of Indus River and Zanskar River, Ladakh

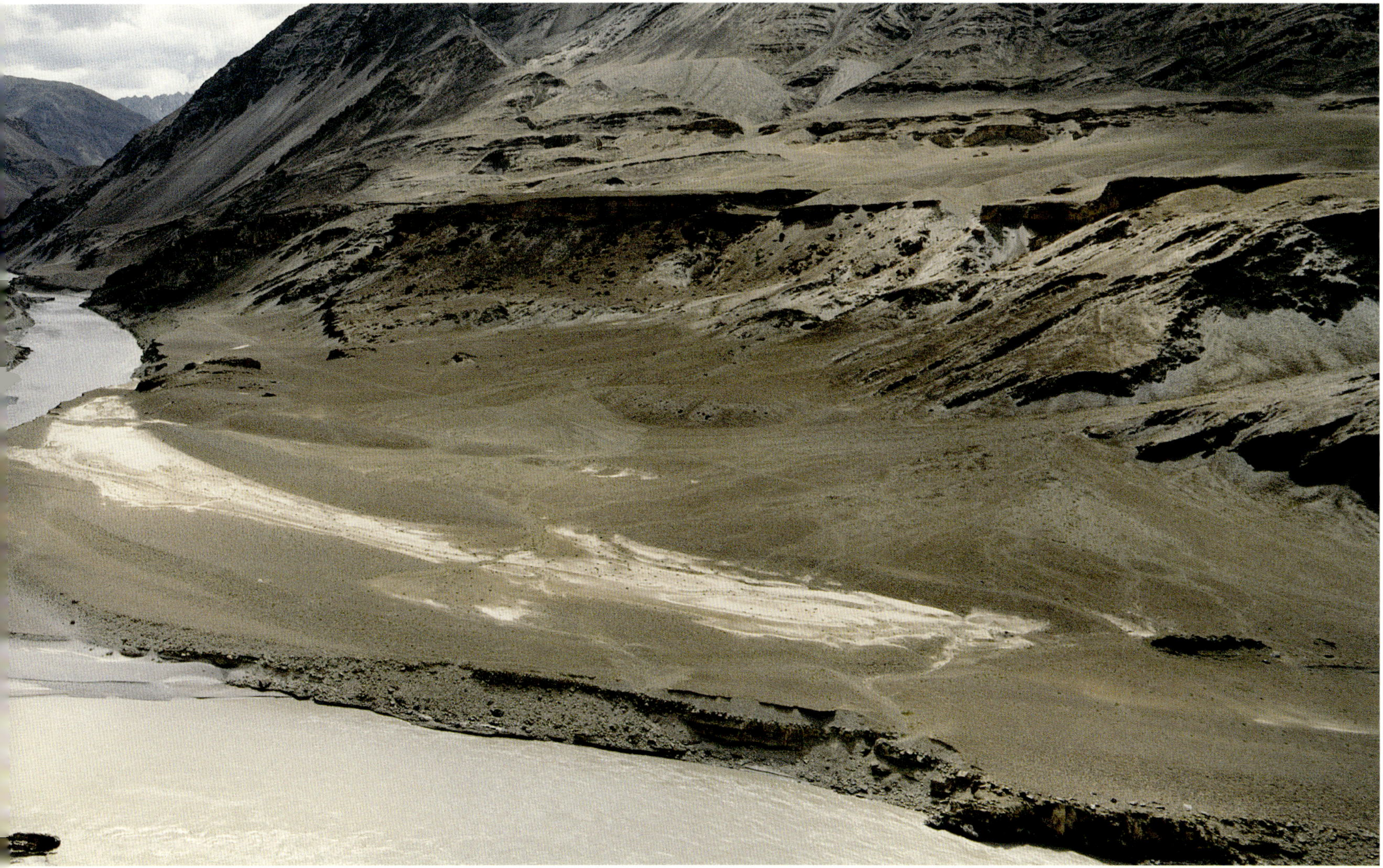

Trekking, Zanskar, Ladakh

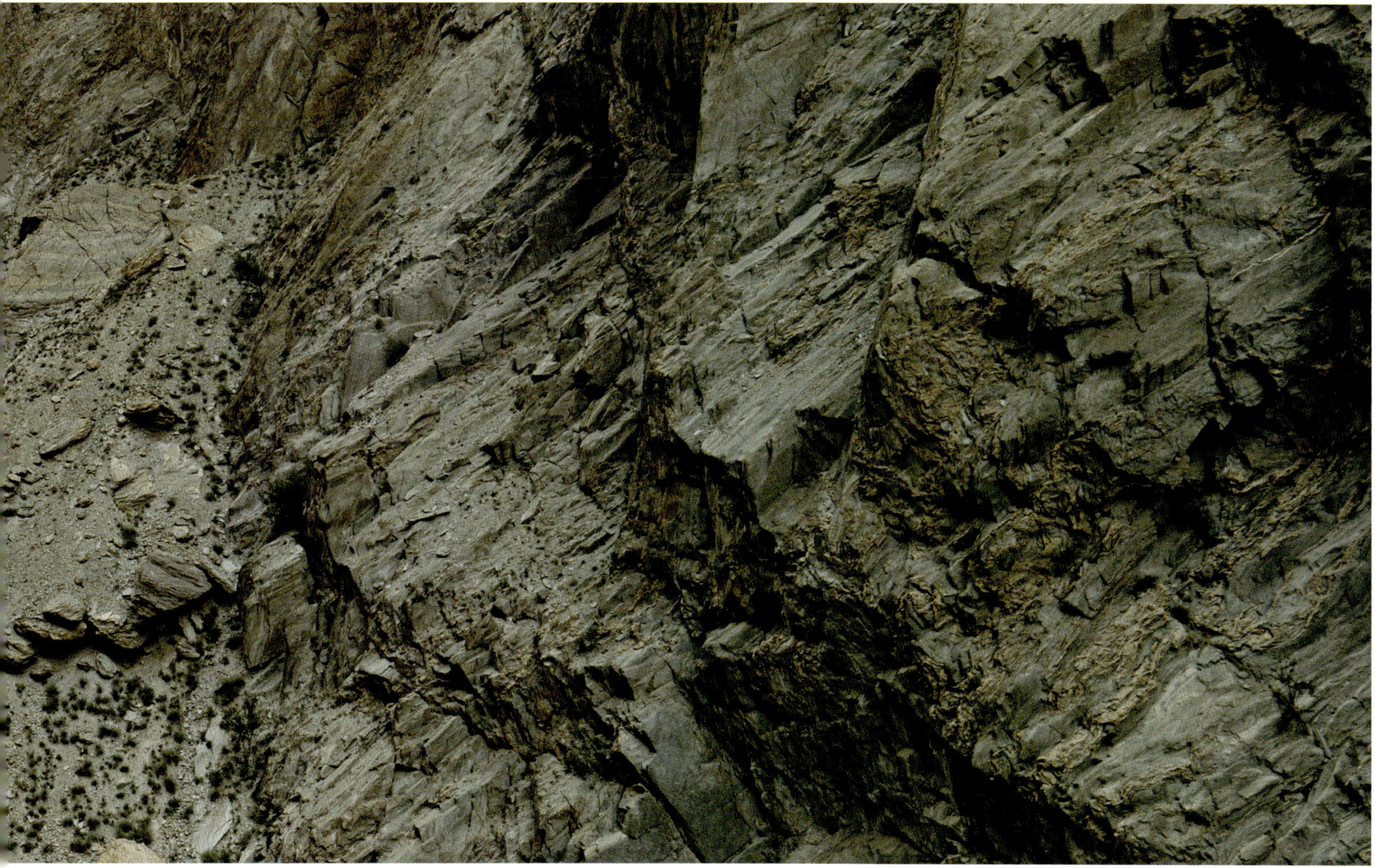

35 Crossing of Hanuma-La, Zanskar, Ladakh

▶ 36   Photoksar, Zanskar, Ladakh

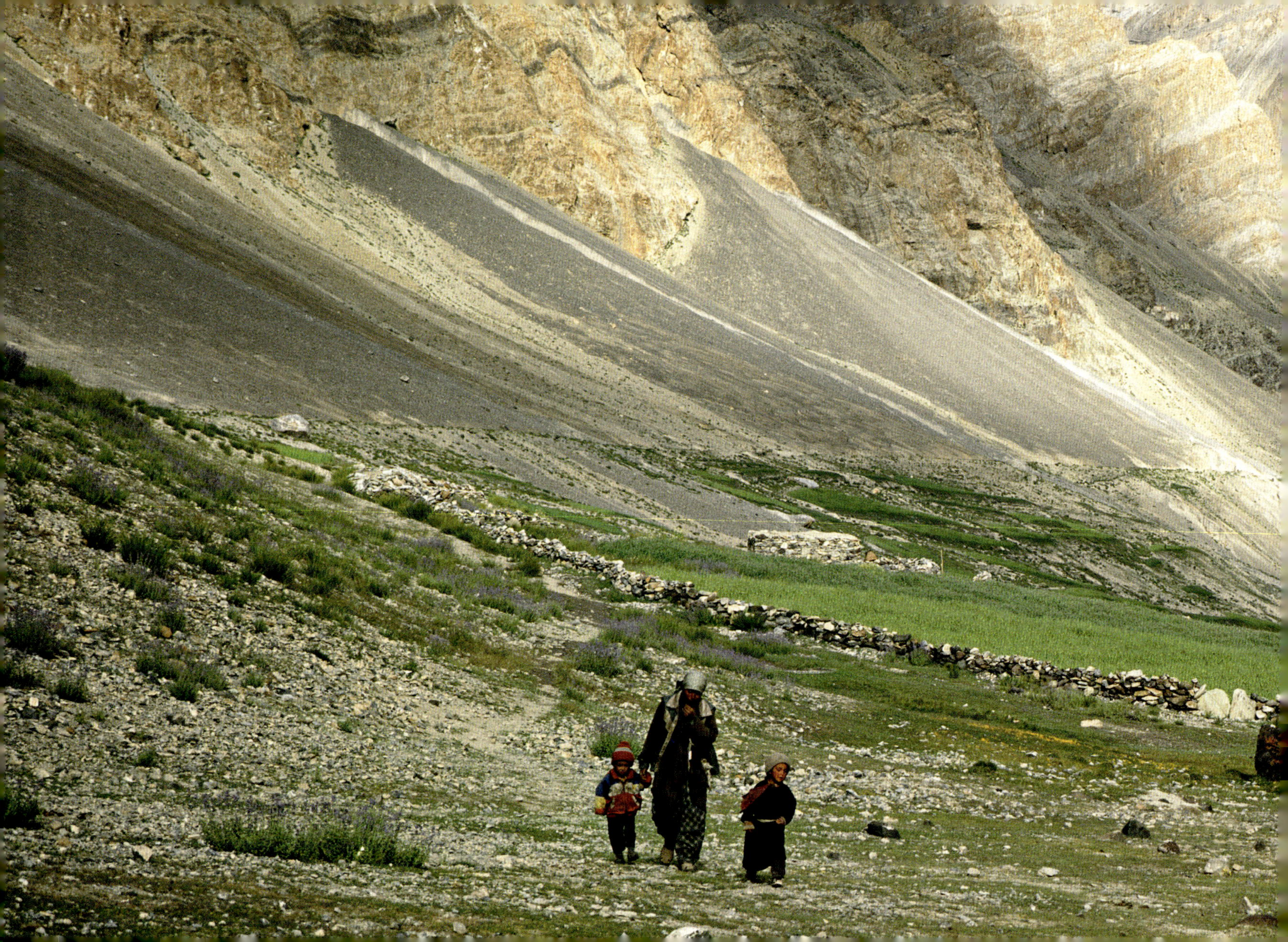

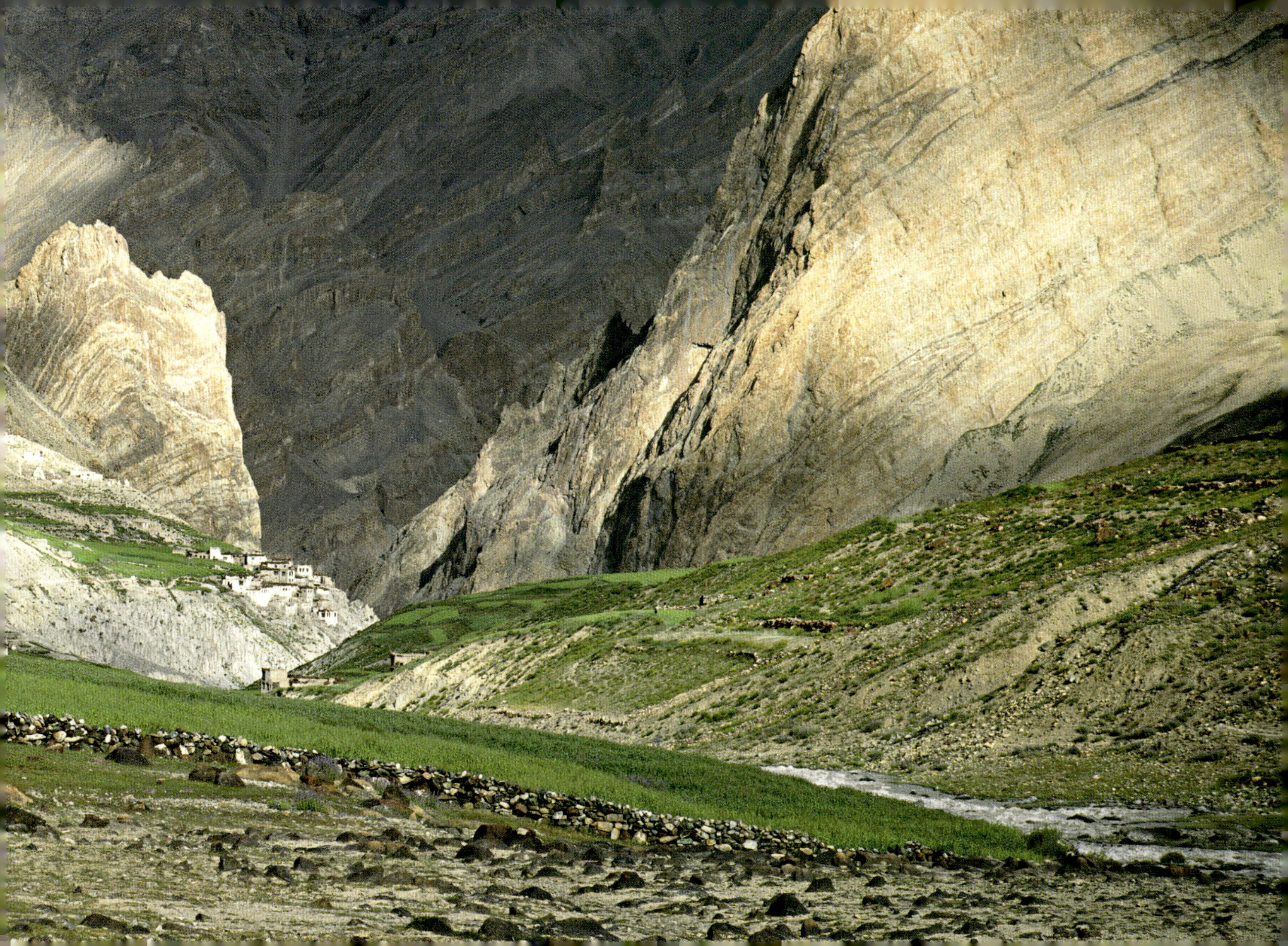

37 Fields near Lingshed Monastery, Ladakh

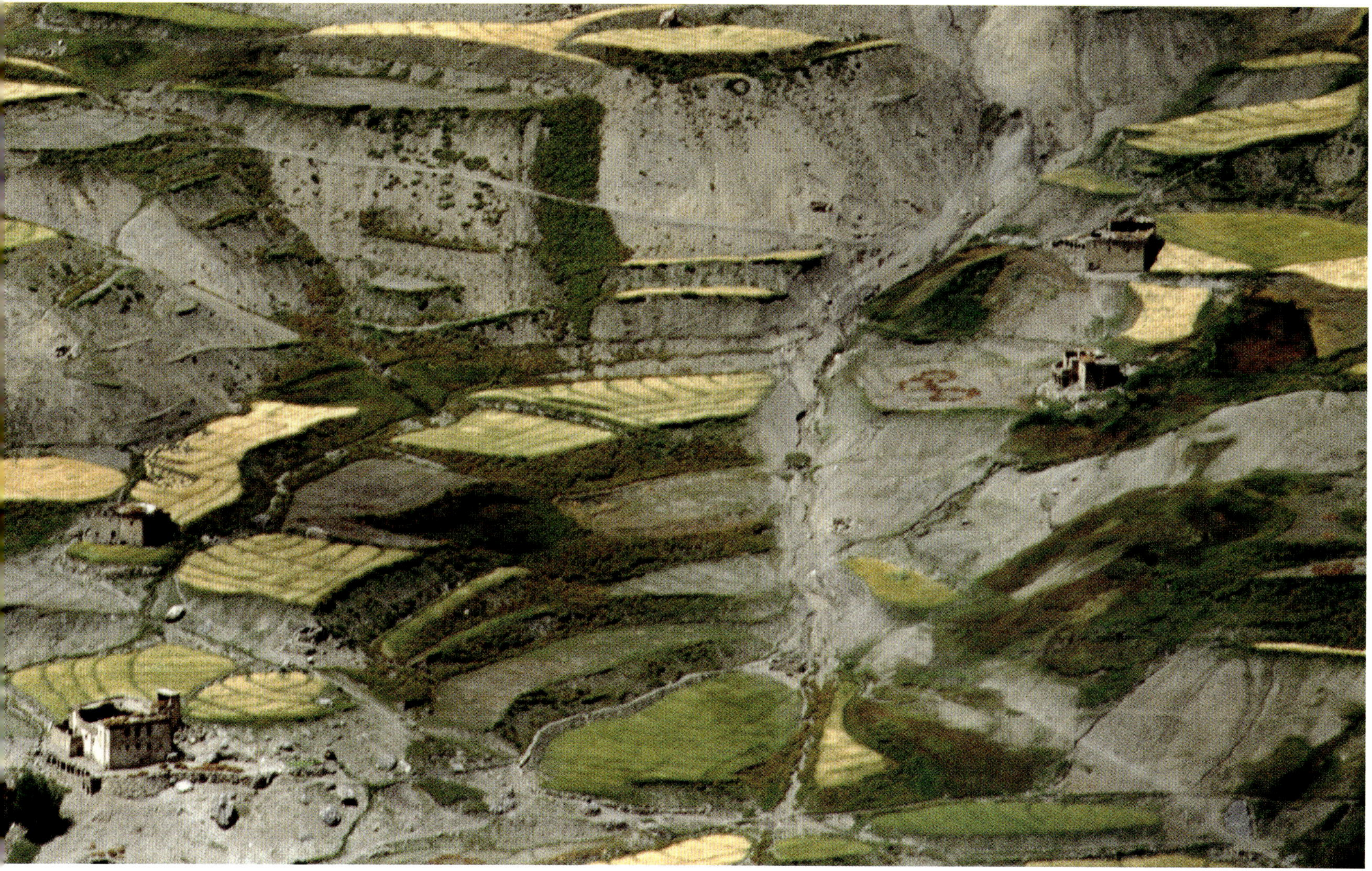

38 Zanskar, Ladakh

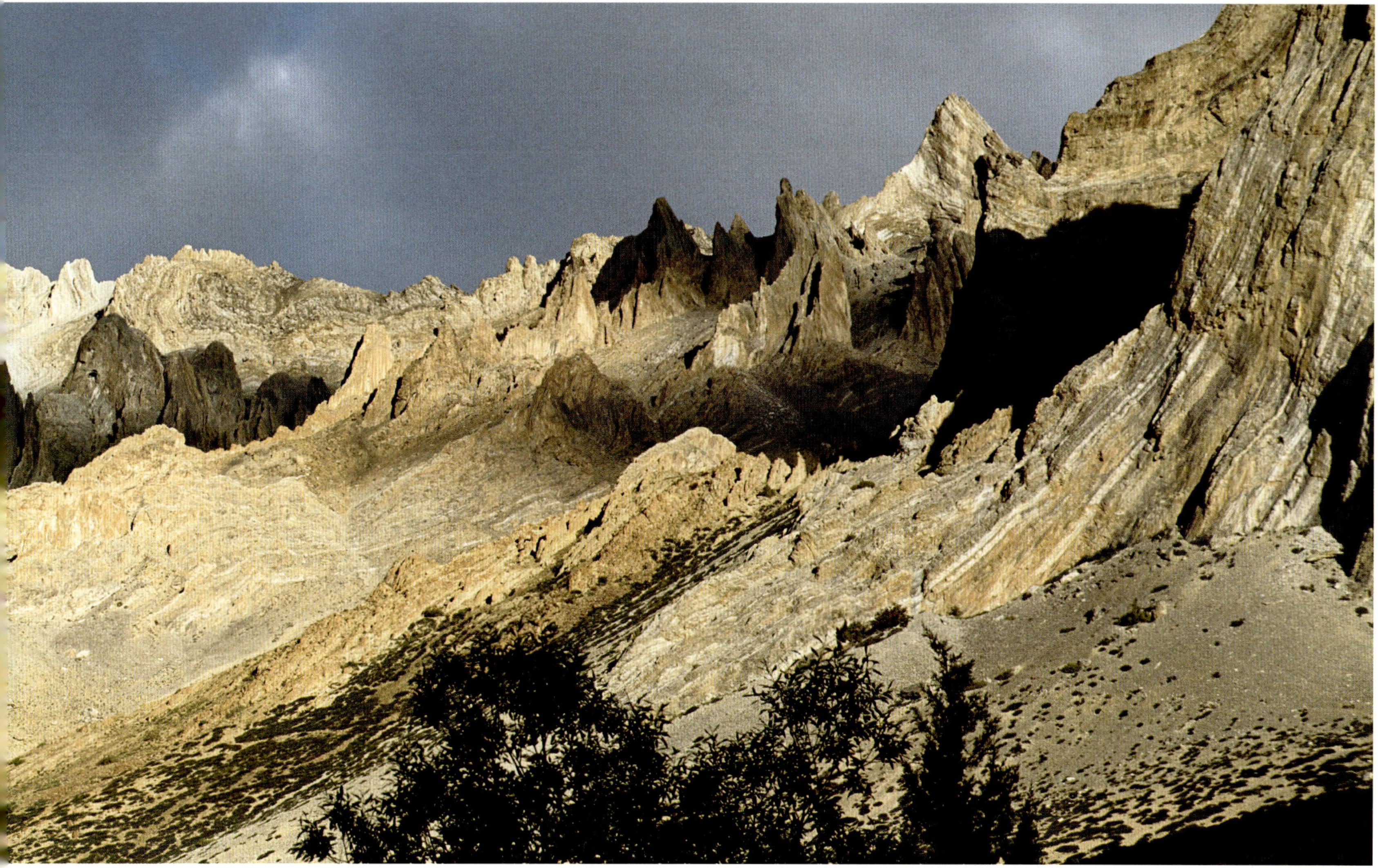

39 Village, Zanskar, Ladakh

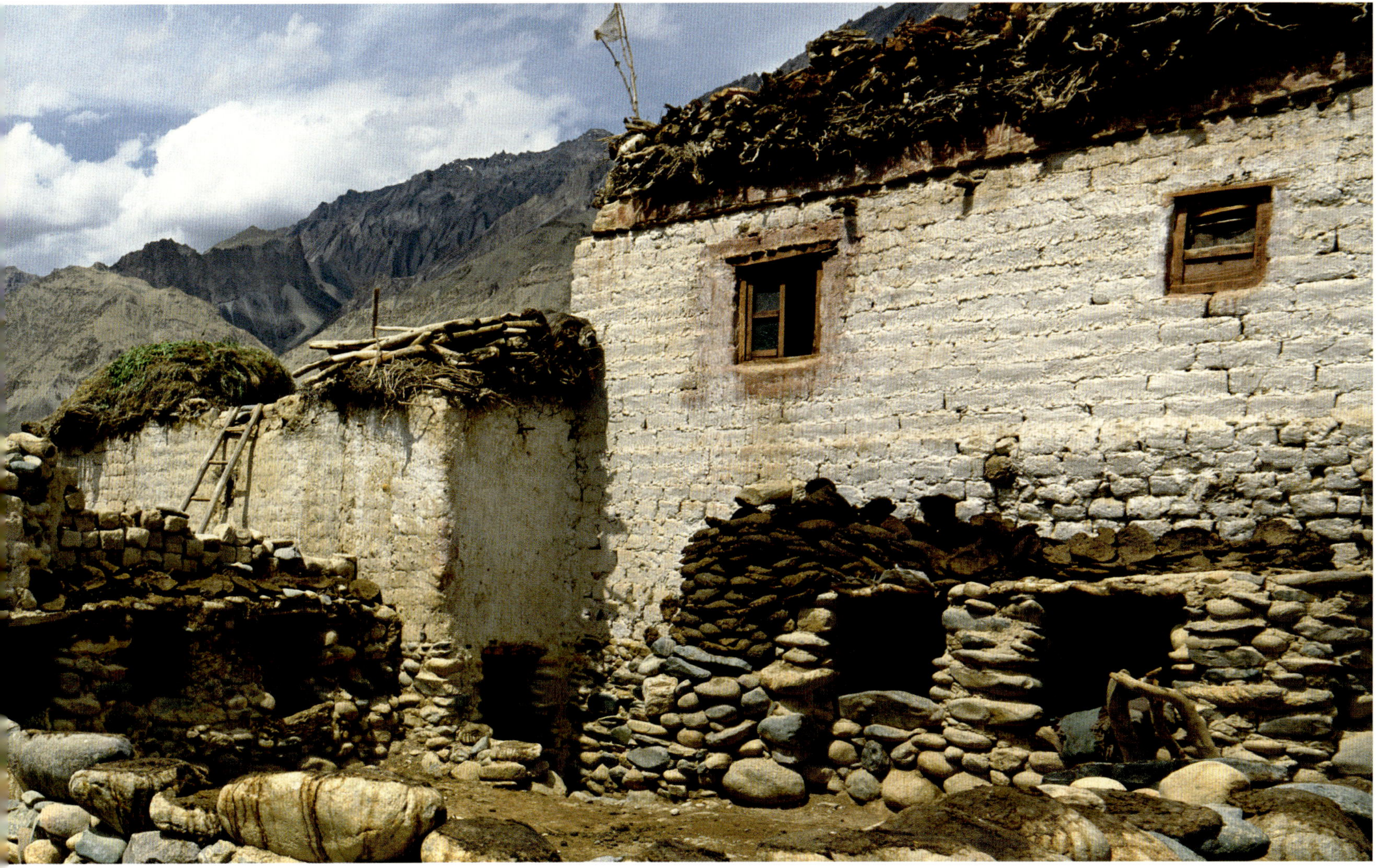

40 Near Padam, Zanskar, Ladakh

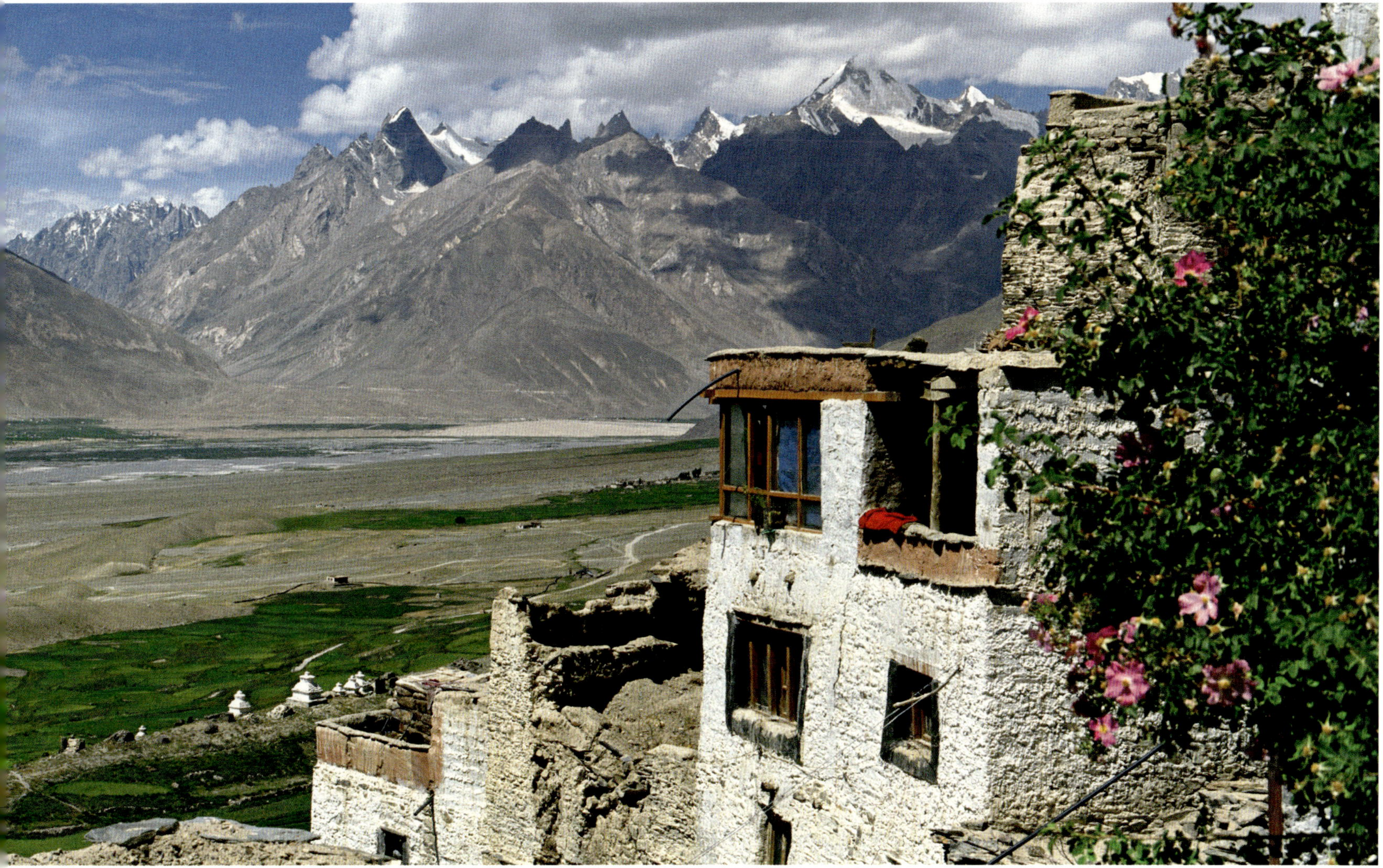

41   Near Karsha Monastery, Zanskar, Ladakh

▶ 42   Karsha Monastery, Zanskar, Ladakh

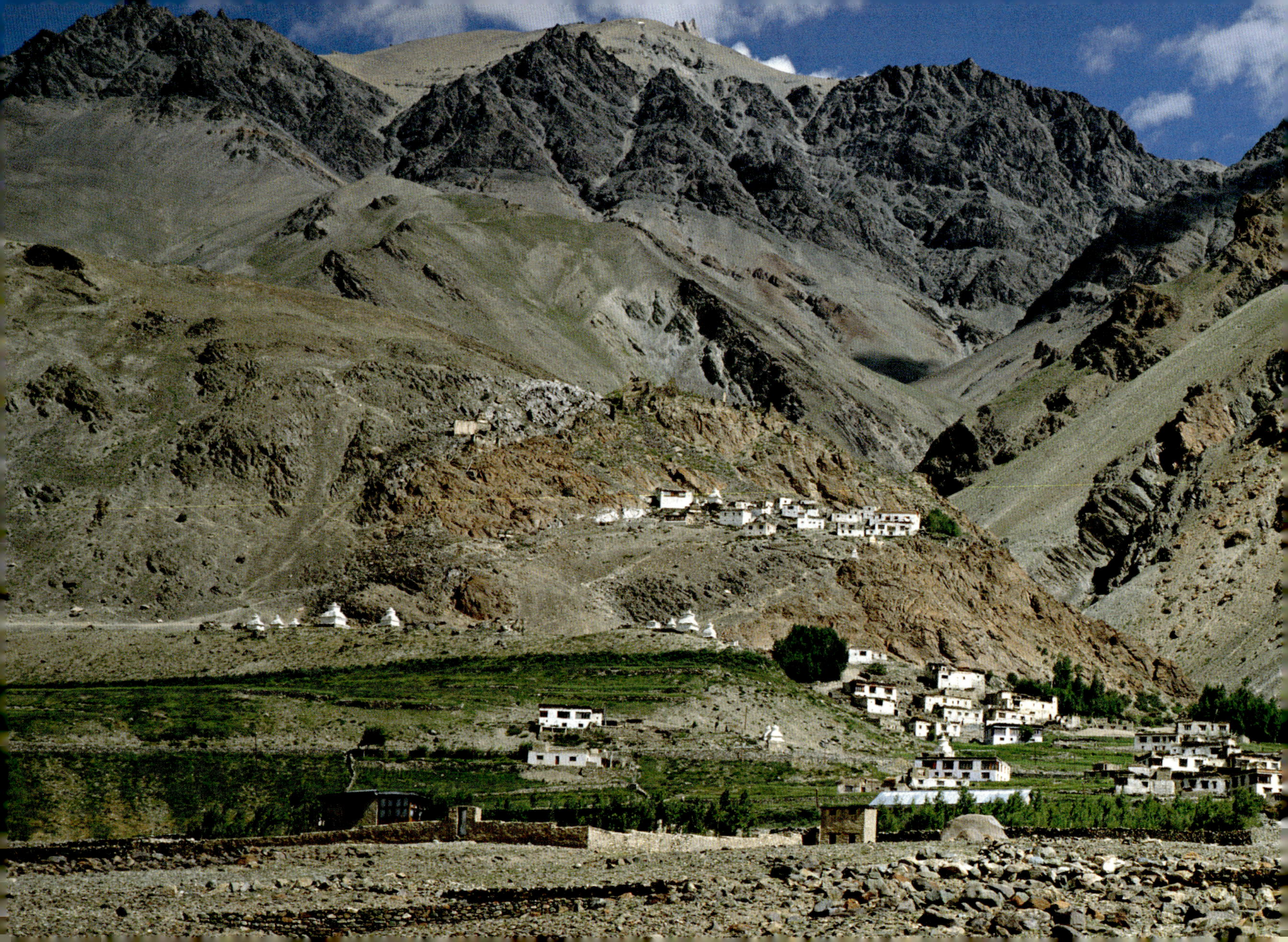

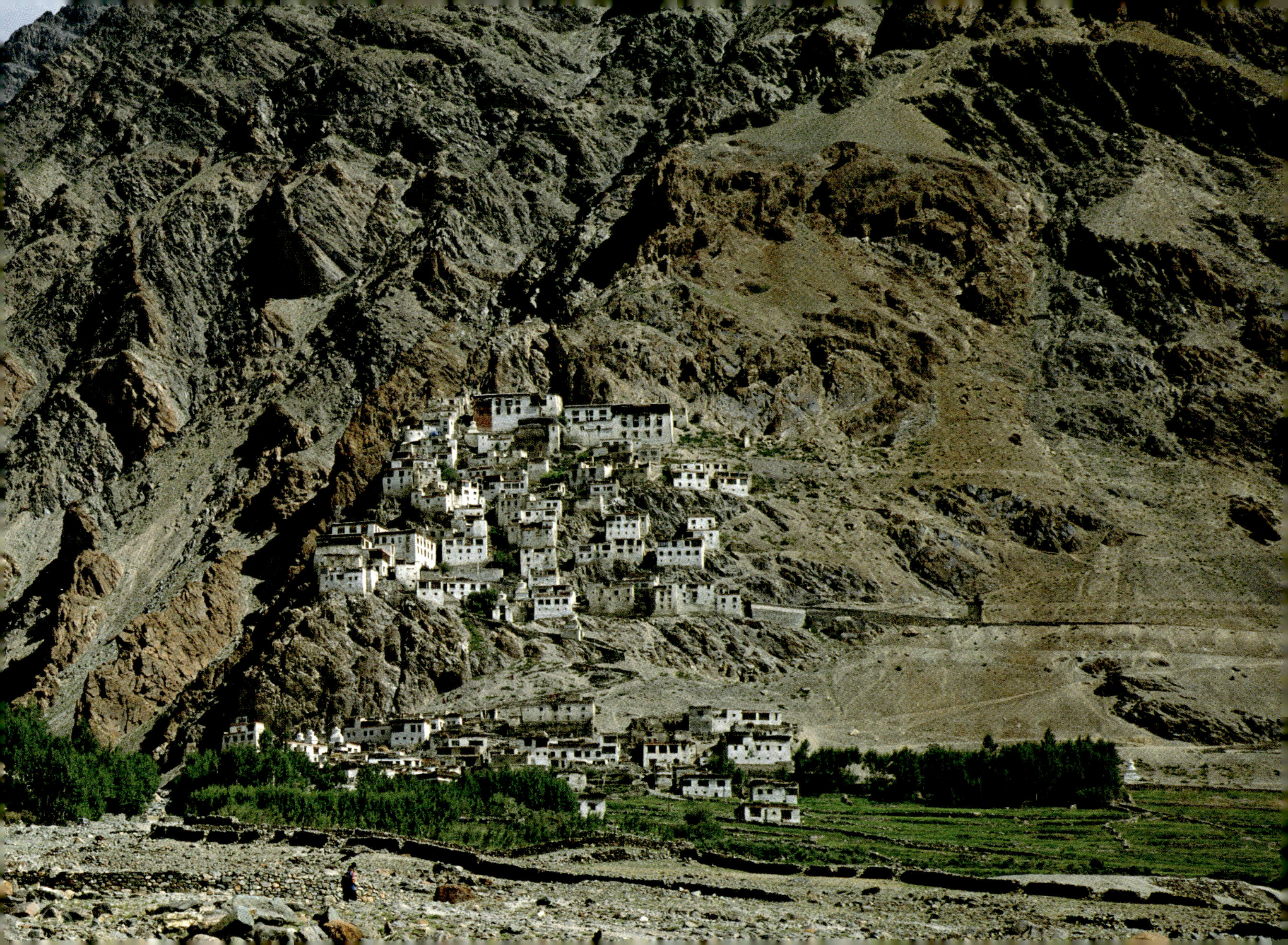

43   Lunchtime at Karsha Monastery, Zanskar, Ladakh

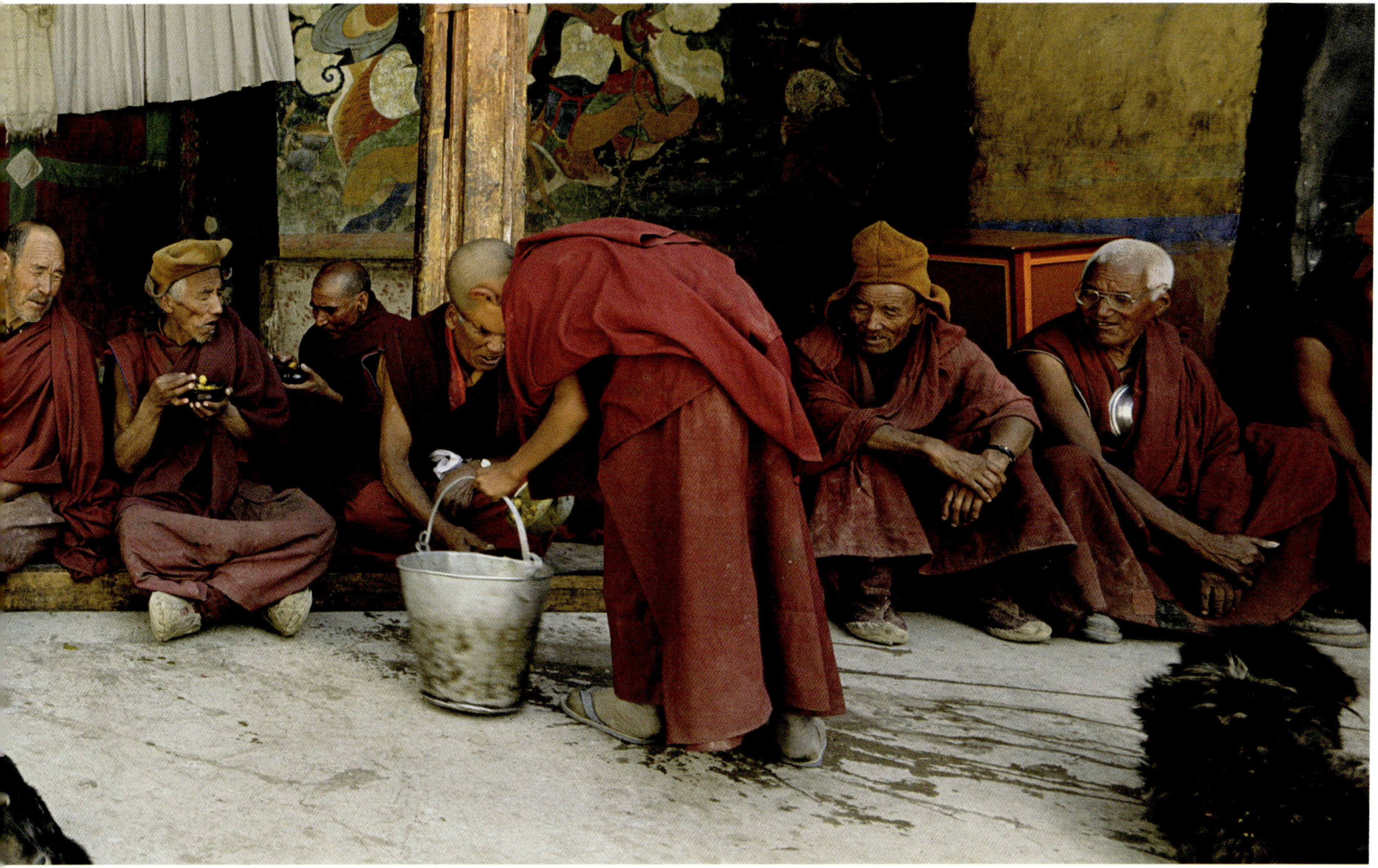

44 Markha Valley, Ladakh

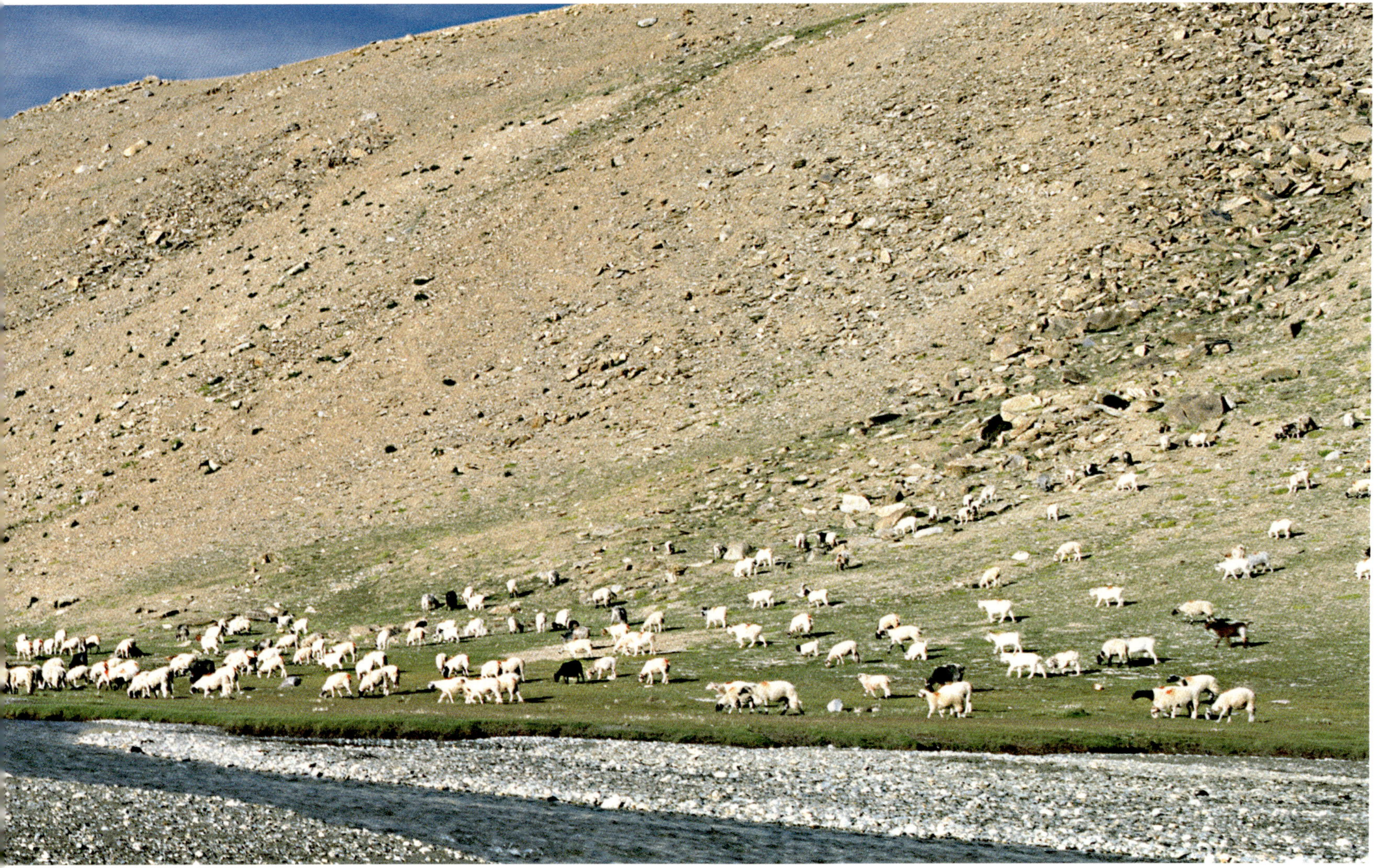

45 Skyu, Markha Valley, Ladakh

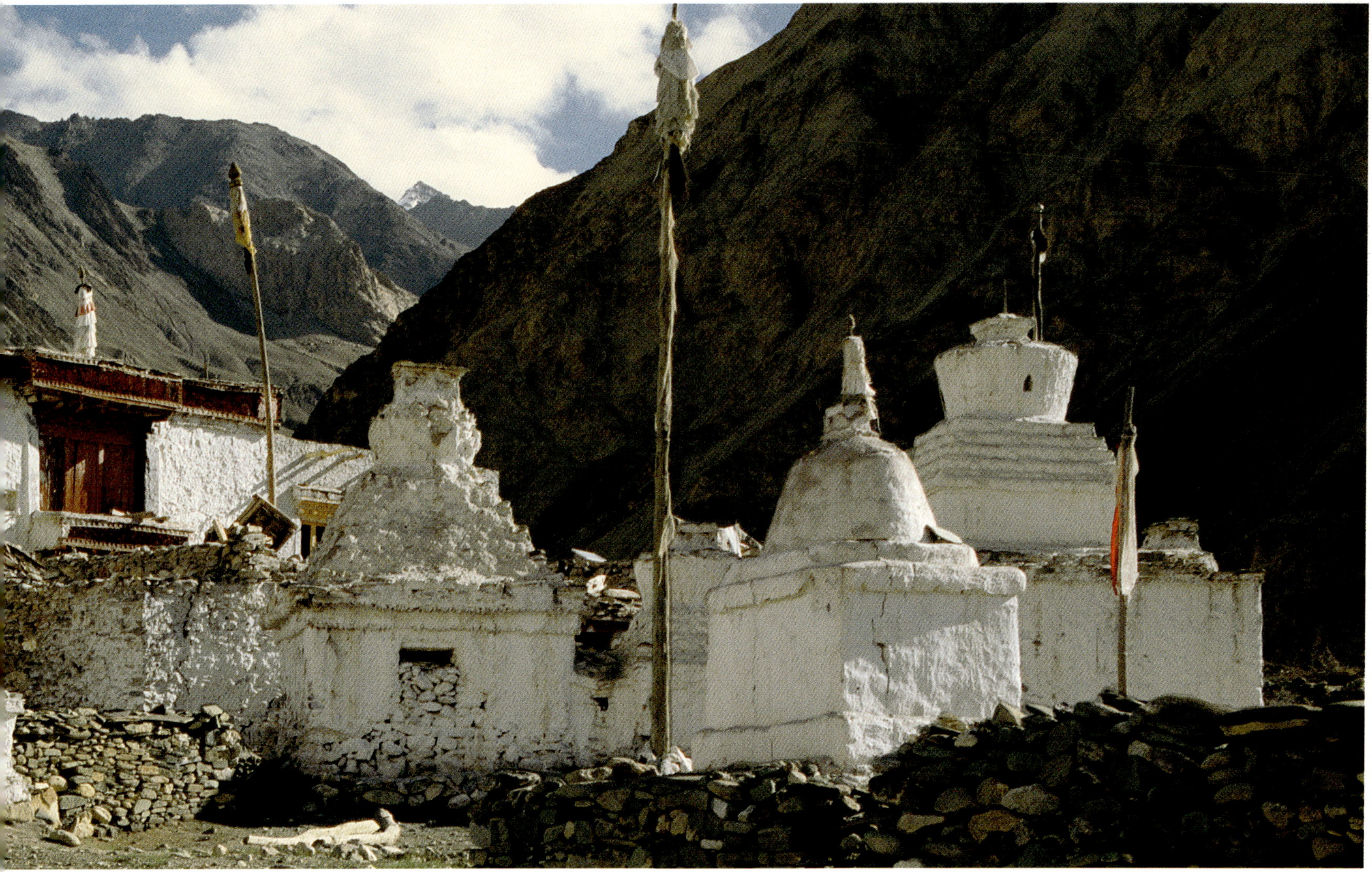

46 Tisseru Chorten, Indus Valley, Ladakh

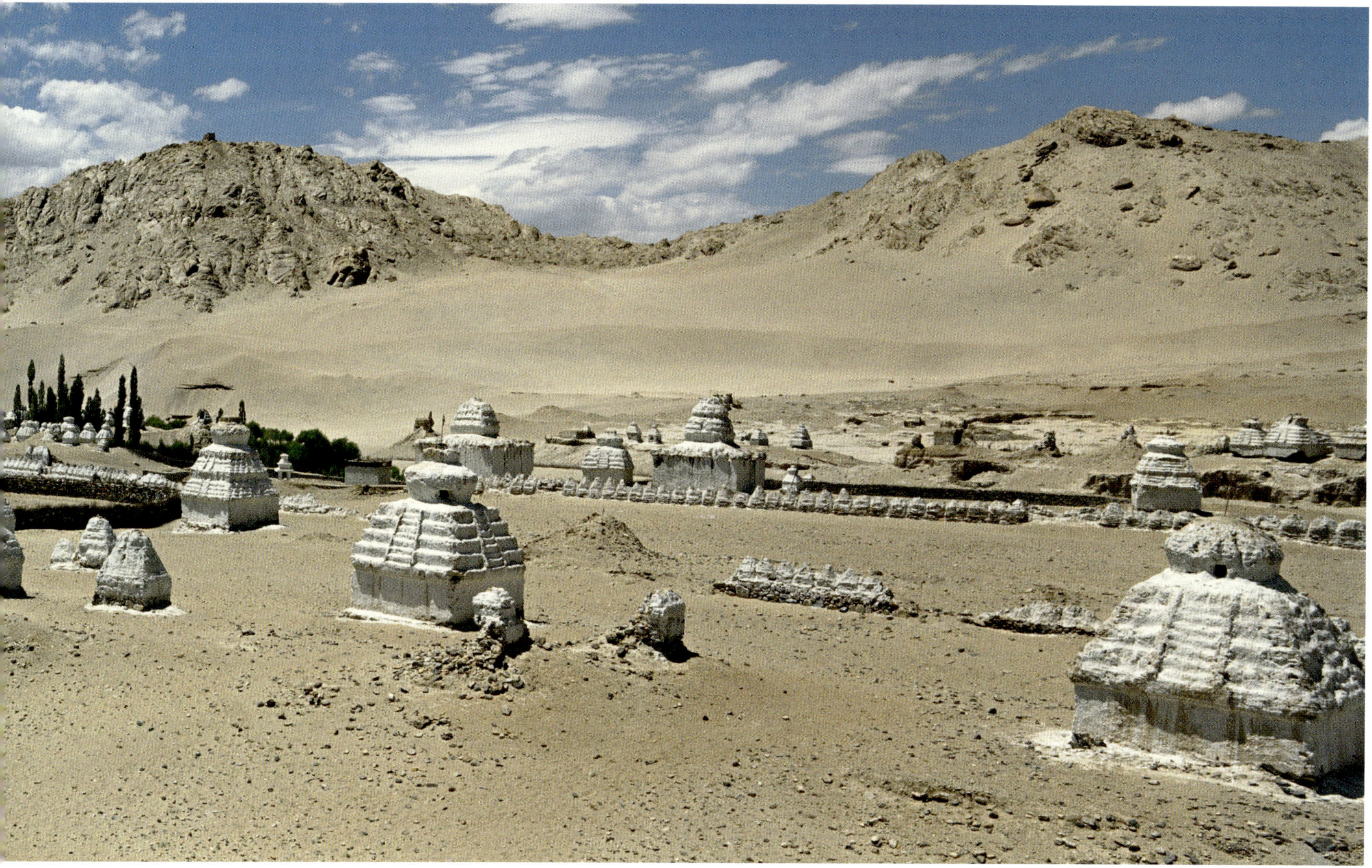

47 View of Indus Valley from Thiksey Monastery, Ladakh

▶ 48 View of Leh, Ladakh

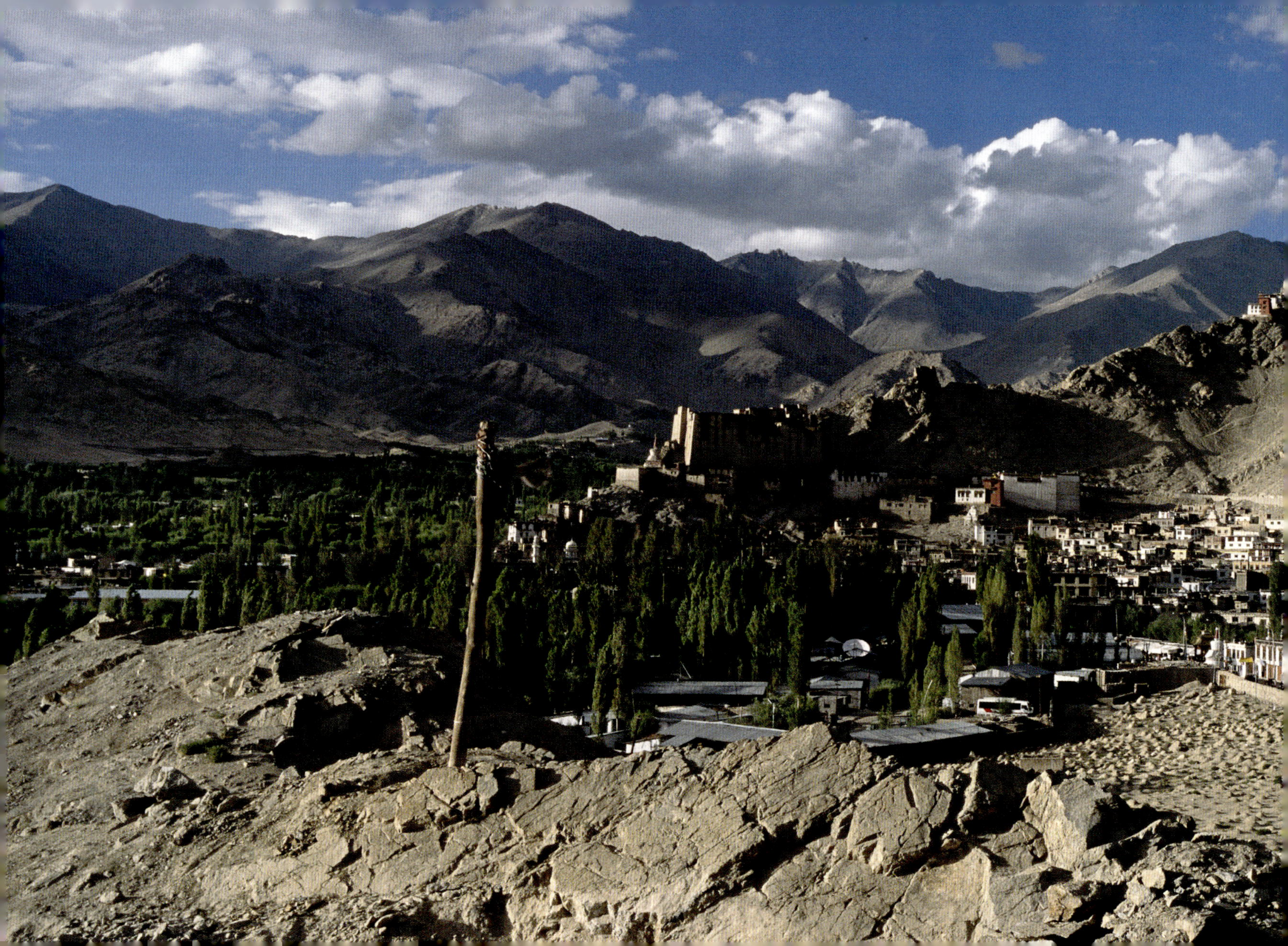

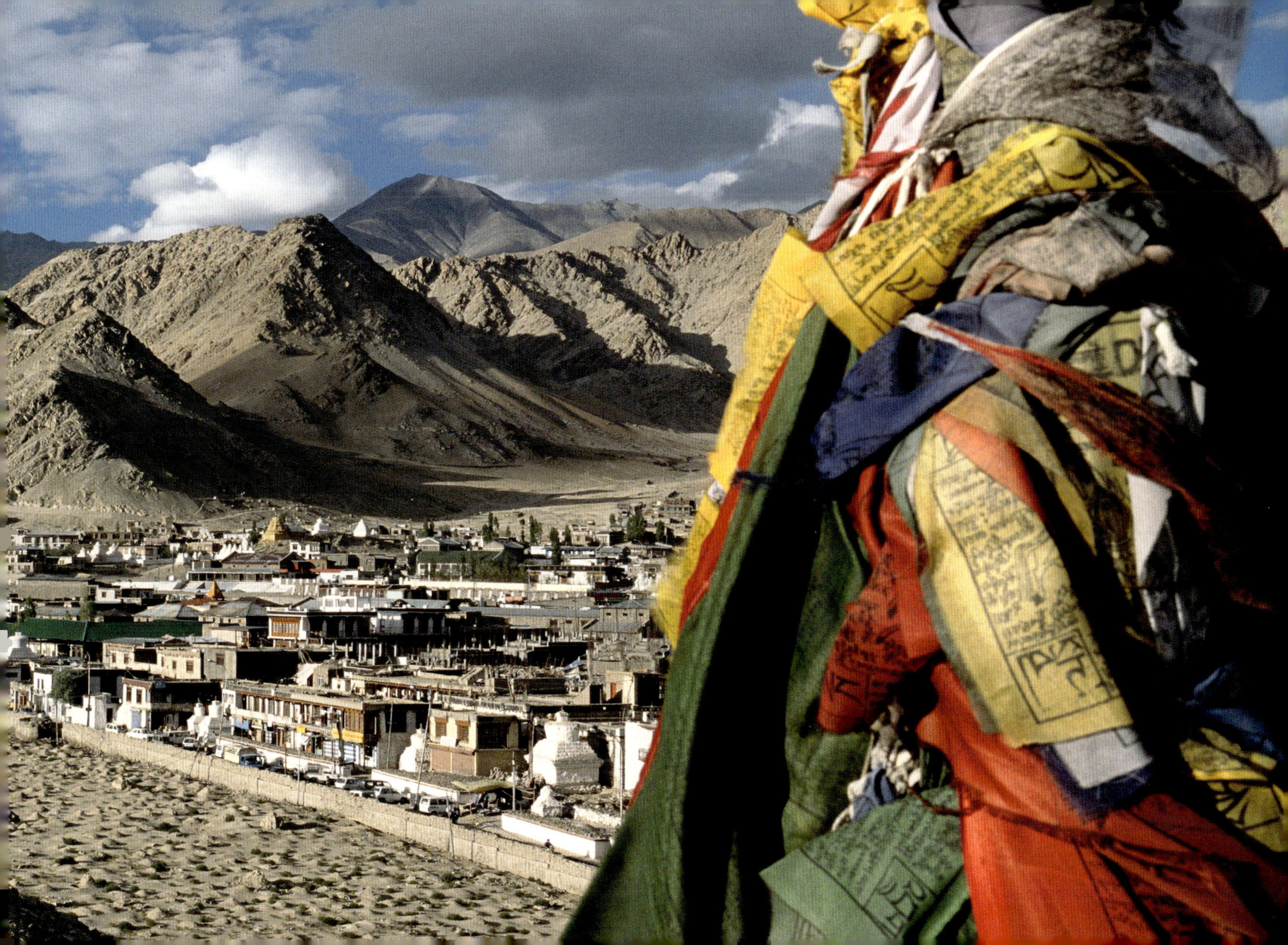

49 Near Pangong Lake, Ladakh

▶ 50 Pangong Lake, Ladakh

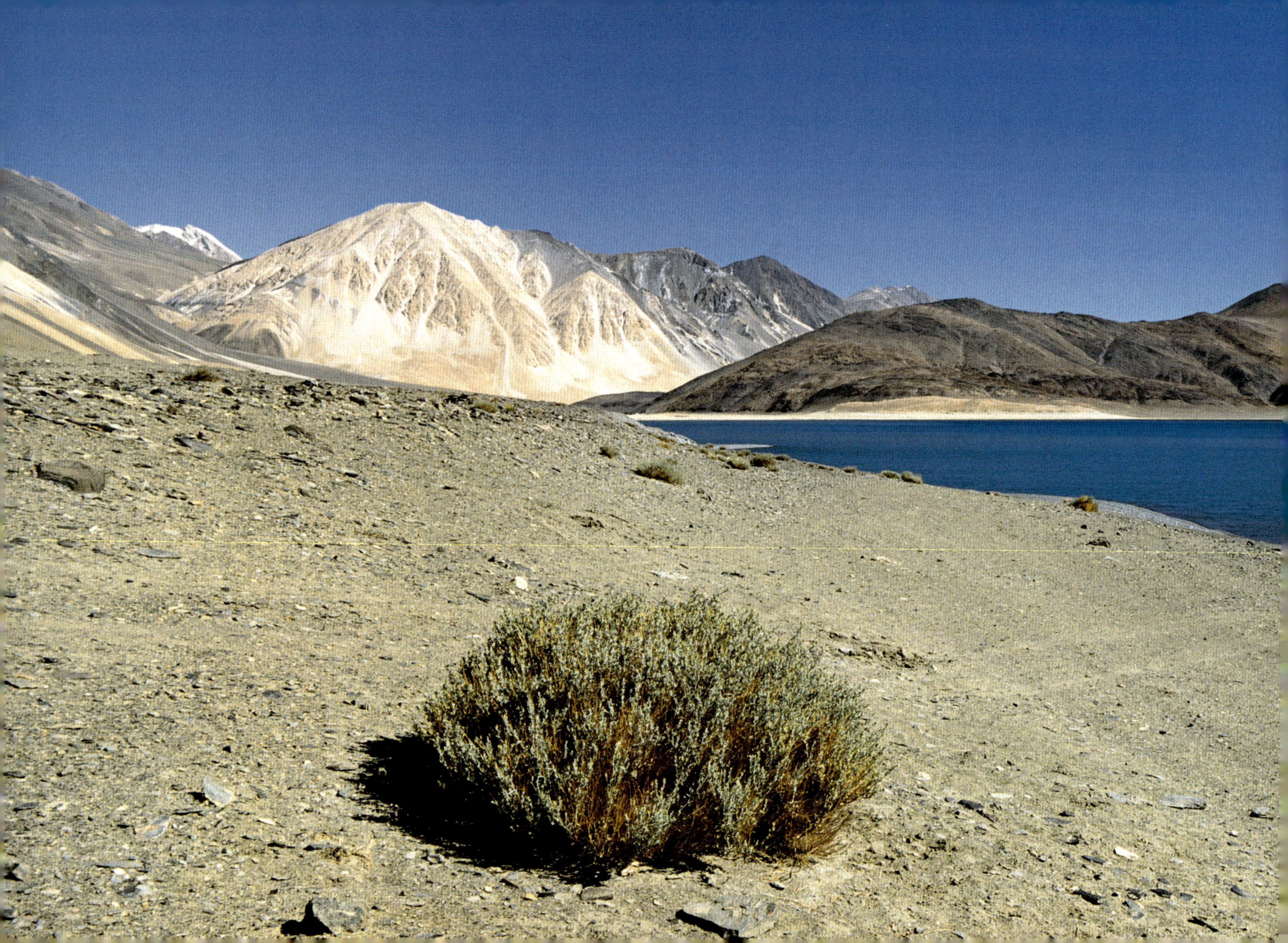

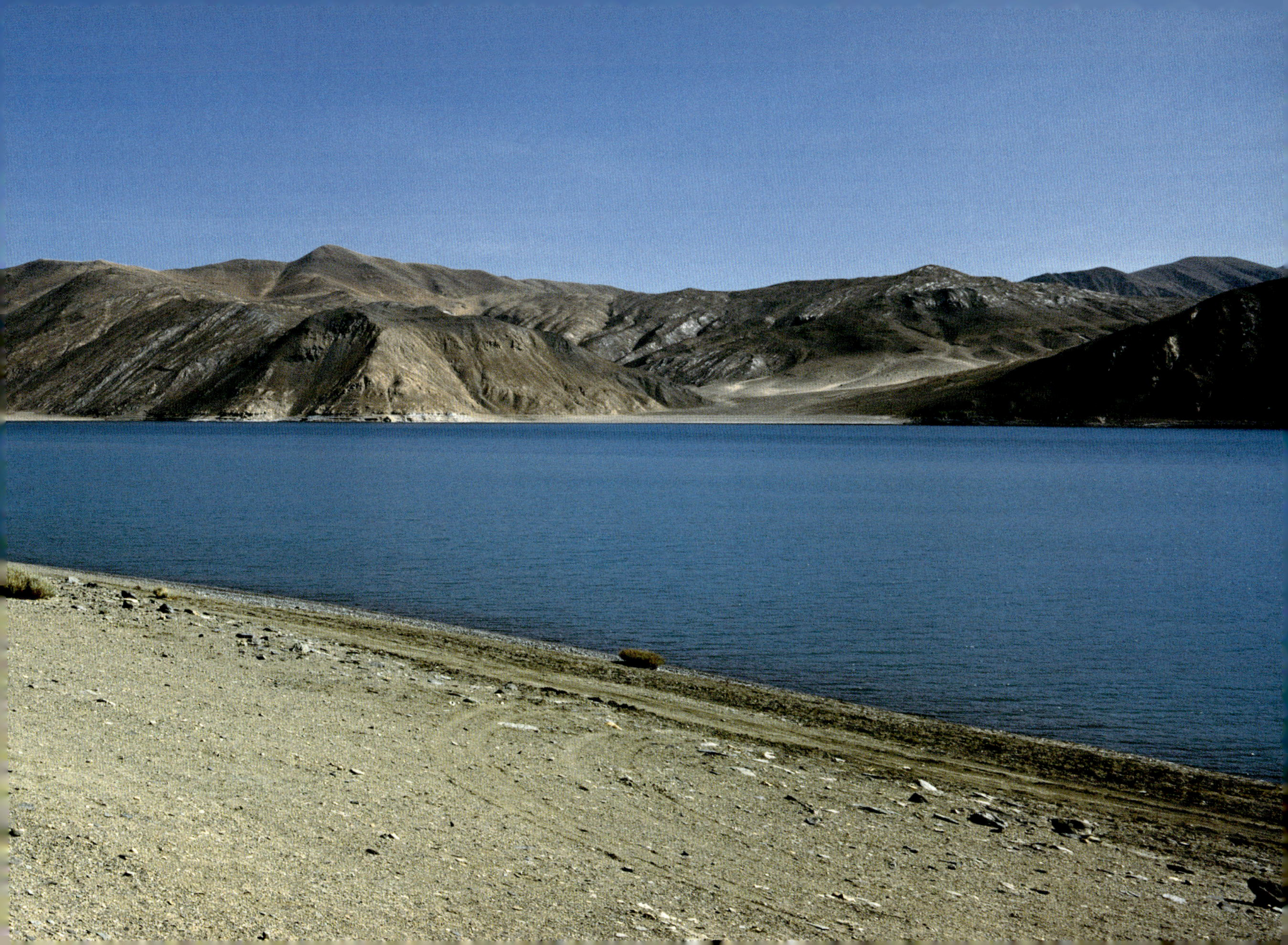

ERNST STEINER wurde 1947 in München geboren und lebt heute in Rosenheim. Photographie interessierte ihn schon sehr früh und neben einer technischen Ausbildung und einem Kunststofftechnik-Studium in Braunschweig hat er sich systematisch in photographischer Technik fortgebildet. Seit 1985 betreute Steiner als Reiseleiter zahlreiche Reisen und Trekkingtouren durch fast alle Regionen des Himalaja und quer durch den indischen Subkontinent, aber auch nach Burma, Bhutan, Vietnam, Pakistan, Indonesien, Thailand und in viele europäische Länder. Die Kamera war dabei sein unverzichtbarer Begleiter, zunächst im Mittel-, später im Panorama-Format. Ernst Steiners Photographien waren in vielen Ausstellungen zu sehen und wurden in zahlreichen internationalen Publikationen veröffentlicht.

IRIS LEMANCZYK wurde 1964 in Kirchheim/Teck bei Stuttgart geboren. Nach dem Studium der Germanistik und Geographie lockte immer wieder die Ferne. Sie reiste um die Welt, schnupperte eine Zeit lang Zirkusluft, lebte in Namibia und besuchte für ein paar Monate Australien und Neuseeland. Dazwischen arbeitete sie als Zeitungs-Redakteurin bei der „Südwest Presse" in Ulm. Seit 1997 ist sie freiberuflich tätig, schreibt Kinder- und Jugendbücher sowie Sachbücher, verfasst Reiseberichte und ist als Dozentin für Kreatives Schreiben tätig.

ERNST STEINER was born in 1947 in Munich and now lives in Rosenheim. He was interested in photography very early on, and alongside a technical education and studies in plastics technology at Braunschweig, he has systematically continued further studies in photographic technology. Since 1985 Steiner has supervised, as a tour guide, many journeys and trekking tours through almost all Himalayan regions and right across the Indian subcontinent, and also to Burma, Bhutan, Vietnam, Pakistan, Indonesia, Thailand and in many European countries. During these journeys his camera was his indispensable companion, initially in medium format and later in panorama format. Ernst Steiner's photographs have been seen in many exhibitions and have also been published in many international publications.

IRIS LEMANCZYK was born in 1964 in Kirchheim/Teck near Stuttgart. After studying German and geography, she gave way to the call of far-distant places. She travelled around the world, experienced the circus life for a time, lived in Namibia and spent several months in Australia and New Zealand. In between, she also learnt something more conventional: newspaper editing with the "Südwest Presse" in Ulm. Since 1997 she has worked as a freelancer, writing children's books and non-fiction and compiling travel reports, and also works as a lecturer on creative writing.

ERNST STEINER est né en 1947 à Munich et vit aujourd'hui à Rosenheim. S'intéressant très tôt à la photographie, il a systématiquement perfectionné sa technique tout en poursuivant une formation technique et des études de technique des matières synthétiques à Brunswick. A partir de 1985, Steiner a accompagné de nombreux voyages et trekkings comme guide dans presque toutes les régions de l'Himalaya et le subcontinent indien, mais aussi en Birmanie, au Bhoutan, au Viêt-Nam, au Pakistan, en Indonésie, en Thaïlande et dans de nombreux pays européens. Son appareil-photo, d'abord moyen format, plus tard format panorama, ne le quittait jamais. Les photographies d'Ernst Steiner ont été montrées dans de nombreuses expositions et publiées dans de nombreuses publications internationales.

IRIS LEMANCZYK est née en 1964 à Kirchheim/Teck près de Stuttgart. Après des études de philologie allemande et de géographie, elle effectue régulièrement des voyages lointains. Elle voyage à travers le monde, séjourne pendant quelque temps dans un cirque, vit en Namibie et passe plusieurs mois en Australie et en Nouvelle-Zélande. Entre toutes ces occupations, elle trouve néanmoins le temps d'apprendre un métier sérieux : rédactrice journalistique au quotidien allemand « Südwest Presse » à Ulm. Depuis 1997, elle travaille comme rédactrice indépendante, écrit des livres destinés à l'enfance et à la jeunesse ainsi que des livres d'essai. Elle rédige également des comptes rendus de voyage et dispense des cours de création littéraire.

ERNST STEINER nació en Múnich en 1947 y vive actualmente en Rosenheim. Desde muy temprano sintió gran interés por la fotografía. Por esa razón, además de hacer una formación técnica y de estudiar técnicas de materiales sintéticos en Braunschweig, se ha perfeccionado sistemáticamente en técnica fotográfica. Como guía de viajes y asesor, Steiner ha participado desde 1985 en muchos viajes y excursiones de trekking en casi todas las regiones del Himalaya y del subcontinente indio, pero también en Birmania (Unión de Myanmar), Bután, Vietnam, Pakistán, Indonesia, Tailandia y en muchos países europeos. La cámara ha sido siempre su compañera inseparable, primero en formato medio, luego en formato panorámico. Ernst Steiner ha presentado sus trabajos en muchas exposiciones; sus fotografías también han sido difundidas por numerosas publicaciones internacionales.

IRIS LEMANCZYK nació en 1964 en el pueblo de Kirchheim/Teck junto a Stuttgart (Alemania). Tras terminar su carrera de Filología Germánica y Geografía se dejó atraer cada vez más por el encanto de los destinos exóticos: viajó por el mundo, experimentó durante algún tiempo la vida en un circo, residió en Namibia y pasó algunos meses en Australia y Nueva Zelanda. Y entre todas esas ocupaciones todavía encontró tiempo para aprender un oficio serio: redactora de periódicos en la editorial alemana "Südwest Presse" de Ulm. Desde 1997 trabaja como redactora libre y escribe diversos libros: desde literatura infantil y juvenil a libros de texto. Además confecciona relatos de viaje e imparte seminarios de creación literaria.

ERNST STEINER è nato a Monaco nel 1947 e vive attualmente a Rosenheim. La fotografia è stato uno dei suoi primi interessi e, durante la sua formazione professionale tecnica e il corso universitario in materie plastiche a Braunschweig, ha continuato a studiarne sistematicamente la tecnica. Dal 1985 Steiner ha svolto attività di guida in numerosi viaggi e tour di trekking in quasi tutte le regioni dell'Himalaya e attraverso il subcontinente indiano, ma anche in Birmania, Bhutan, Vietnam, Pakistan, Indonesia, Thailandia oltre che in molti paesi europei. In questi viaggi la sua macchina fotografica lo ha sempre accompagnato fedelmente, dapprima con formati medi, poi con formati panoramici. Le fotografie di Ernst Steiner sono state esposte in molte mostre e diffuse in numerose pubblicazioni internazionali.

IRIS LEMANCZYK è nata nel 1964 a Kirchheim/Teck vicino a Stoccarda. Dopo la laurea in Lingua e Letteratura Tedesca e in Geografia ha seguito la sua passione per i viaggi in paesi lontani. È stata in tutto il mondo, per un certo periodo ha respirato l'aria del circo, ha vissuto in Namibia e per qualche mese ha abitato in Australia e Nuova Zelanda. Tra un viaggio e l'altro si è dedicata alla più razionale attività di redattrice presso la Südwest Presse di Ulm. Dal 1997 lavora come libera professionista, scrive libri per bambini e ragazzi e testi di saggistica, redige reportage di viaggi ed insegna scrittura creativa.

© 2007 EDITION PANORAMA, Germany
All rights reserved | Printed in Germany

© All photographs: Ernst Steiner and EDITION PANORAMA
© Text: Iris Lemanczyk and EDITION PANORAMA

ISBN: 978-3-89823-340-8

Concept: Bernhard Wipfler, Sebastian Wipfler, Marcus Bela Schmitt
Design: EDITION PANORAMA | Diana May, Designgruppe Fanz & Neumayer | Marcus Bela Schmitt
Editorial department: Dr. Michael Barchet, Wolfgang Roth
Translations: Global-Text Fachübersetzungen, Heidelberg | Mark Woolfe, Jocelyne Abarca, Dr. Maria Carasi, Sebastián González Mohíno
Separations: EPS GmbH, Speyer
Printing: abcdruck GmbH, Heidelberg
Bookbinding: Josef Spinner Großbuchbinderei GmbH, Ottersweier

EDITION PANORAMA GmbH
G 7, 14
D - 68159 Mannheim

www.editionpanorama.com

No part of this book may be reproduced in any form or by any electronic or mechanical means without prior written permission from the publisher EDITION PANORAMA, Germany.

The external boundaries of India on the map have not been authenticated and may not be correct.

A production by EDITION**PANORAMA**